Uwe Timm

Briefe
an die Welt

Leserbriefe und Erinnerungen an Zeitzeugen

herausgegeben von Michael von Prollius

2. erweiterte Auflage

EDITION FORUM ORDNUNGSPOLITIK BAND 1

Bibliografische Information der Deutschen Nationalbibliothek:

Die Deutsche Nationalbibliothek verzeichnet diese Publikation in der Deutschen Nationalbibliografie; detaillierte bibliografische Daten sind im Internet über http://dnb.dnb.de abrufbar.

Edition Forum Ordnungspolitik
Herstellung und Verlag: BoD - Books on Demand, Norderstedt
Umschlaggestaltung und Layout: Susanne Junge

Inhaltsverzeichnis

Vorwort

Vom Wert der Freiheit zeugt der Strom der Leserbriefe, die Uwe Timm an die Zeitung „Die Welt" geschickt hat. Sie sind zusammen mit den Erinnerungen an Zeitzeugen, vor allem Anarchisten und Kommunisten, Ausdruck eines vorbildlichen bürgerlichen Engagements. Bürgerlich? Ja, denn Uwe Timm setzte sich praktisch – mit Wort und Tat – für eine freie Gesellschaft ein, als Bürger Deutschlands, als Weltbürger, mit dem Ziel einer humaneren Gesellschaft, die statt mit immer mehr mit viel weniger Staat auskommt. Dabei korrigierte er gängige Ansichten, verbreitete Irrtümer und Fehlurteile und setzte sich mit nur wenigen zur Verfügung stehenden Zeilen für freiheitliche Alternativen ein.

Beispielhaft kam seine Haltung in einer kleinen Begebenheit zum Ausdruck, die mir Uwe Timm wie folgt beschrieb: Er sei einmal in die Gemeindeverwaltung gegangen, um die Haushaltsbücher einzusehen. Dem dort tätigen Angestellten fehlte das Verständnis im wahrsten Sinne des Wortes. Er konnte mit dem Ansinnen ganz einfach nichts anfangen. Und als er begriffen hatte, worum es Uwe Timm ging, antwortete er richtigerweise, dass er damit nicht dienen könne. Schließlich gäbe es einen politischen Haushalt, keine Bilanz, keine Gewinn- und Verlustrechnung. Das Geld der Bürger werde nach politischen Gesichtspunkten verteilt.

Genau das ist die Krux, wie die Betrachter der Euro-Misere täglich feststellen können. Ludwig von Mises hat auf eindringliche Weise den Unterschied zwischen Bürokratie und Gewinn orientiertem Wirtschaften herausgearbeitet: Der Beamtenstaat ist das Gegenmodell einer freien Gesellschaft. Und, so ließe sich hinzufügen, er ist seit langem auf dem Vormarsch. Dass die Bürger ihre Interessen selbst wahrnehmen, ist dabei, allen Forderungen nach mehr Eigenverantwortung zum Trotz, in

Wahrheit ein Hindernis. Tatsächlich könn(t)en die allermeisten Menschen ihre Bedürfnisse am besten selbst befriedigen, ohne dass Politiker das Geld der Bürger nach politischen und klientelistischen Gesichtspunkten umverteilen. Das ginge auch weitgehend ohne Staat, denn es gibt Jahrhunderte alte Institutionen, die an die Stelle des Prinzips Zwang das Prinzip Vertrag setzen. Versicherungen gehören dazu.

Heute ist es besonders wichtig, seine Meinung frei und unbeeindruckt von der Meinungsmehrheit zu äußern. Dass das für jedermann jederzeit möglich ist, zeigen die Leserbriefe an „Die Welt": einfach und verständlich geschrieben, knapp auf den Punkt, klar in der Sache. Zu den Schwerpunkten der nachfolgend chronologisch geordneten und sanft überarbeiteten Originale gehören Finanzkrise, Umwelthysterie und Familienpolitik, ökonomische Gesetze. Stets ging es Uwe Timm darum, jedem das Seine zu belassen. So kann eine freie Gesellschaft mit freien, eigenständig und eigenverantwortlich handelnden Menschen heranwachsen.

Die Skizzen von Zeitzeugen bieten lehrreiche Einblicke in das Leben von Frauen und Männern, die im Spannungsfeld von Kollektivismus und Freiheit standen. Deutlich wird nicht zuletzt wie viel Individualität (innere) Freiheit hervorbringt und wie verführerisch der Pfad des Kollektivismus ist.

Ich wünsche Ihnen eine anregende Lektüre, wohin auch immer Sie den kleinen Band mitnehmen. Er passt in jede Tasche. Die Gedanken sollen Zugang zu möglichst vielen Köpfen finden. Das gilt umso mehr, als Uwe Timm leider unmittelbar vor dieser Neuauflage verstorben ist. Eine Fortsetzung mit anderen Autoren in einer Reihe freiheitlicher Gegenwartspublizistik für jedermann ist geplant.

Berlin, im Mai 2014
Michael von Prollius

Leserbriefe an DIE WELT

Unsere Sicherheit

Zu: "Merkels Handy" und "Empörung reicht nicht" vom 25. Oktober 2013

Jede Medaille hat bekanntlich zwei Seiten, und so gibt es auch in Deutschland einen Verfassungsschutz, einen Geheimdienst, dessen Aufgabe darin besteht, die Grundrechte der Bürger in Deutschland zu schützen.

Und diesem Geheimdienst ist nie aufgefallen, dass die Kanzlerin und deutsche Bürger vom US-Geheimdienst ausgespäht und damit überwacht wurden.

Eigentlich irgendwie doch merkwürdig.

29.10.2013

Freier Handel

Zu: "Der Hunger lässt nach" vom 2. Oktober 2013

Die Parteien haben sich immer noch auf die Fahne geschrieben: den Kapitalismus bekämpfen, zügeln, beseitigen.

Offene Worte sind selten. Daher hat mich der Kommentar von Andrea Seibel mit den deutlichen Worten überrascht: Der Kapitalismus ist der Motor der Marktwirtschaft. Wir haben die größten sozialen Probleme, wenn dieser Motor nicht läuft, stottert oder zum Stillstand gebracht wird. Ja, die Reichen sind reicher geworden, aber auch die Armen. Denn die Lebensbedingungen breiter Bevölkerungsschichten haben sich in den letzten 50 Jahren grundlegend positiv verändert und zwar nur dort, wo eine effiziente Produktion und ein freier Handel die Möglichkeit zur Entfaltung besitzt.

Zeit sich von falschen Sichtweiten zu verabschieden.

11.10.2013

Ohne Sachkenntnis

Zu: "Schlagabtausch über Steuern, Einigkeit bei der Pkw-Maut" vom 2. September 2013

Wer auch immer die Pauschalforderung nach einem Mindestlohn von 8,50 Euro erhebt, möchte sich politisch-sozial profilieren, täuscht aber die Öffentlichkeit.

Es lässt auf fehlende betriebswirtschaftliche Kenntnis schließen, wenn man den Bürgerinnen und Bürgern einredet, da müsse ein künftiger Kanzler nur den Betrieben befehlen, einen Mindestlohn von 8,50 Euro zu zahlen.

Niedriglohnbereiche gibt es, von Ausnahmen abgesehen, nicht aus purer Böswilligkeit, sondern weil eine Lohnkostenrealität aus mangelnder Produktivität und realer Kostenbelastung resultiert. Beide lassen sich durch einen politischen Befehl nicht verändern.

Dieser Befehl wird lediglich eines bewirken: Noch weniger Geringqualifizierte werden einen Job finden.

04.09. 2013

Effizienter Markt

Zu: "Da ist noch Luft nach oben" vom 28. August 2013

Der Beitrag von Dorethea Siems sollte von einigen Politikern aufmerksam zur Kenntnis genommen werden. In Deutschland ist die Zahl der Jobs gewachsen. Allerdings wird im öffentlichen Bewusstsein gerne verdrängt, dass wir insbesondere den mittelständischen Unternehmen einen sehr effizienten Arbeitsmarkt verdanken.

Bestimmte Politiker blenden folgende Realität aus, weil es ihnen lediglich um noch mehr Umverteilung geht: Bereits heute trägt das obere Drittel der Haushalte 62 Prozent der Finanzierungslast.

Die Propaganda bezüglich des Mindestlohns erinnert an den "Schwarzen Kanal". Damals war es Eduard von Schnitzler, der den Bürgerinnen und Bürgern der DDR einhämmerte, in der BRD besäßen Arbeitnehmer nur eine Chance: verelenden und verhungern.

Das wird zum Glück auch künftig nicht der Fall sein, denn mittelständische Betriebe sorgen für Nachwuchs: 83 Prozent aller Auszubildenden werden dort auf ihren künftigen Beruf vorbereitet.

Eine Chance für junge Menschen, allerdings nur, wenn in der deutschen Wirtschaft Leistung nicht unter Strafe gestellt wird.

30.08.2013

Teures Bauen

Zu : "Bauherren leiden unter der Steuerlast" vom 7. August 2013
und "Miete braucht keine Bremse" vom 5. August 2013

Der Erwerb von Wohneigentum besitzt bei der Alterssicherung eine besondere Bedeutung und sollte gerade von der jungen Generation, von der auch eine verstärkte private Vorsorge erwartet wird, genutzt werden.

Günstige Hypotheken sind zur Zeit hilfreich, aber wenn die Politik dafür sorgt, dass der Erwerb von Immobilien durch immer höher Grunderwerbsteuern erschwert wird und auch die Wohneigentümer später mit immer mehr steigenden Grundsteuern und Abgaben belastet werden, wird günstiges Wohnen im Alter zum teuren Traum.

Es ist schon ein Gipfelpunkt der Scheinheiligkeit, wenn Politiker sich auf die soziale Brust klopfen, mehr Mieterschutz fordern, bezahlbare Mieten, Mietbremsen, aber gleichzeitig dafür sorgen, dass der Wohnungsbau dadurch teurer und der Erwerb vom Immobilien für Normalbürger unerschwinglich wird.

12.08. 2013

Frage der Motivation

Zu: "Praktiker - Pleite bedroht 12.000 Arbeitsplätze" vom 12. Juli 2013

Geiz ist nicht geil, Geiz ist dumm. Unternehmen, die am Markt erfolgreich sein wollen, müssen angemessene Preise für ihre Produkte und Dienstleistungen verlangen. Dazu gehört auch, dass sie ihr wichtigstes Kapital, Mitarbeiterinnen und Mitarbeiter, entsprechend bezahlen.

Die Konsumenten müssen lernen, Preise zu akzeptieren, die erbrachte Leistungen berücksichtigen, weil jeder Betrieb mit einer mangelnden oder verfälschten Preiswahrheit längerfristig zum Scheitern verurteilt ist. Deutsche Konsumenten sind in der Lage, kostendeckende Preise zu bezahlen, und wer immer diese Konsumenten verführt, nur noch Billigangebote wahrzunehmen, erweist der Marktwirtschaft einen schlechten Dienst. Qualität darf und sollte ihren Preis haben, sollte in unserem Bewusstsein wieder Priorität besitzen.

Unternehmer und Manager, sollten, wenn sie marktwirtschaftlich erfolgreich sein wollen, eine Erkenntnis von dem Hamburger Unternehmer und Ehrenbürger Kurt A. Körber beherzigen: "Mit unzufriedenen Mitarbeitern, die ihre innere Kündigung ausgesprochen haben, ist ein Unternehmenserfolg nicht zu gewährleisten.

18.07.2013

Realitätsfremd

Zu: "Weckruf der Träumer" vom 6. Juli 2013

Es ist kaum noch verständlich, dass sowohl die Regierung als auch die Opposition beim Thema Energiewende die Realität ausblenden.

Bei der Energiegewinnung werden wir auch in den nächsten Jahrzehnten auf die Nutzung von Brückentechnologien angewiesen bleiben.

Es ist also unmöglich, selbst wenn der Anteil an erneuerbaren Energien bis 2020 auf 35 Prozent steigt, auf die Nutzung fossiler Energieerzeugung wie Erdgas oder Kohle zu verzichten. Auch in Tschechien nicht, auch nicht in Polen, ebenso nicht in Frankreich, schon gar nicht in China oder den USA.

Wir sollten uns von dem Traum verabschieden und diesen auch nicht mehr der Öffentlichkeit präsentieren.

Die Anti-Atom-Bewegung in Deutschland muss sich mit einer politischen Vereinsamung abfinden. Wir können nicht allein mit Sonne, Wind und Biomasse die Energiewende hierzulande bewältigen.

13.07.2013

Steuern über alles

Zu : "Schuften für den Staat" vom 8. Juli 2013

In der Tat gibt es in Deutschland Politiker, die sich noch mehr Staat wünschen, um einem angeblichen Kapitalismus Paroli zu bieten.

Tatsächlich nimmt der Fiskus den deutschen Bürgern bis zu zwei Drittel ihrer gesamten Lebensarbeitserträge weg, berücksichtigt werden müssen diverse öffentliche Belastungen etwa durch Grundsteuern, Kfz-Steuern, Versicherungssteuern sowie die Mehrwertsteuer auf Produkte und Dienstleistungen.

In Deutschland ist das Rentensystem zu 100 Prozent staatlich, das Gesundheitswesen bis zu 90 Prozent.

Weitgehend verstaatlicht ist auch das Bildungswesen, und auch die Arbeitsmärkte sind staatlich und korporatistisch dirigiert.

Ebenso unterliegt der Wohnungsmarkt staatlicher Regulierung. Und unsere Fernsehsender finanzieren sich mit Zwangsgebühren.

Der Grundgedanke, dass man den Bürgern ihr eigenes Geld lässt, damit sie ihre eigenen Interessen und Bedürfnisse eigenverantwortlich wahrnehmen können, ist aus dem deutschen Bewusstsein verschwunden. Keine gute Aussicht.

11.07.2013

Gefährliche Illusion

Zu: "Steinbrück am Abgrund" vom 6. Juli 2013

Der Sozialdemokrat Peter Steinbrück leidet offensichtlich an Realitätsverlust. Wenn er in dem Glauben lebt, man müsse das Steueraufkommen nur noch mehr erhöhen, um mit 80 Milliarden Euro ein Investitionsprogramm zu finanzieren, hapert es sehr mit seiner wirtschaftlichen Kompetenz.

Dass wir noch mehr Staat haben müssen, ist offensichtlich das Credo der SPD. Nur unsere Probleme resultieren gerade daraus, dass wir bereits in einer weitgehend verstaatlichten Wirtschaft und Gesellschaft leben.

Es ist an der Zeit sich darauf zu besinnen, dass eine funktionierende freie Marktwirtschaft soziale Probleme immer noch am effizientesten

16

löst. Leider leben wir nur noch in einer partiellen Markwirtschaft, und wer hier immer noch glaubt, der Staat wäre der bessere Unternehmer, unterliegt einer gefährlichen Illusion.

Wer dann auch noch eine staatliche Zwangsversicherung, genannt Bürgerversicherung, den Bürgern aufzwingen will, hat sich vollends von der Realität verabschiedet und will den Bürgern jegliche Entscheidungsfreiheit nehmen.

09.07.2013

Teure Versprechen

Zu: "Wie wollen wir leben? " vom 15. Juni 2013

Ulf Poschardt beschreibt in seinem Kommentar sehr prägnant die Inhaltslosigkeit der Wahlprogramme der etablierten Parteien, die sich durchweg auf noch mehr kostspielige Wahlversprechungen beschränke.

Der Grundgedanke, dass die Bürger hierzulande in die Lage versetzt werden könnten, mit ihrem eigenen Geld auch ihre eigenen Bedürfnisse bezahlen zu können – für Schulhefte und Kindergärten nicht den Staat benötigen – fehlt in jedem Parteiprogramm.

Wird der noch leistungsfähige und zum Glück noch leistungswillige Mittelstand mit immer höheren Abgaben belastet, fehlt das Kapital für notwendige Investitionen, haben wir eine steigende Arbeitslosigkeit und sinkende Kaufkraft zu erwarten.

19.06.2013

Alle gegen Amerika

Zu: "Da hört der Spaß auf" vom 5. Juni 2013

Henryk M. Broder verdient Respekt für die deutlichen Worte und seine Entscheidung, künftig auf den Ludwig-Börne-Preis zu verzichten.

Zudem weist er auf etwas hin, das hierzulande gerne verschwiegen wird: einen latenten Antiamerikanismus.

Nicht nur der Philosoph Peter Sloterdijk blieb den Amerikanern beim Einsturz der Twin Towers das gebührende Mitgefühl schuldig. In der linken und rechten Szene gab es viel Verständnis für die Terroristen. Selbst Verschwörungstheorien wurden weiter gesponnen, wonach die US-Regierung selbst für den Einsturz der Türme verantwortlich gewesen sei.

Verschwiegen wird hingegen, dass das demokratische Amerika einen guten Weg für permanente soziale und politische Veränderungen mit friedlichen Mitteln gefunden hat. Dass wir unsere Befreiung vom Nationalsozialismus gerade auch den Amerikanern zu verdanken haben, dieses Wissen scheint weitgehend verloren gegangen zu sein.

07.06.2013

Erfolgsmodell

Zu: "Freiheit: Wer, wovon, wozu?" vom 23. Mai 2013

Es ist erstaunlich, aber Autor Michael Alznauer verkennt völlig das Wesen des Staates, der sich eben nicht mit seinen Bürgern auf Augenhöhe befindet.

Der Staat ist auch kein Instrument zur Wahrung der gleichen Freiheit aller. Vielmehr beruht auch der demokratische Staat aggressiv auf drei Säulen: Verfügungsgewalt über unser Geldwesen, Zwangsbesteuerung und Umverteilung von Einkommen.

Sodann ist der Staat unproduktiv: Es kann nur verteilt werden, was er vorher nahm.

In Wahrheit stimmt auch das nicht, denn er muss auch noch seinen Regierungsapparat finanzieren. Das Wohl der Regierenden schätzt er immer höher ein als das Wohl der Regierten.

Mut zur Freiheit heißt Mut zur eigenen Verantwortung. Und sobald die Regierenden Verantwortungslosigkeit praktizieren, sollten sich die Bürger über folgende Tatsache bewusst werden: Wer (Herrschafts)Rechte über die Bürger beansprucht, stellt sich gegen die Freiheit und gegen die Gemeinschaft gleichberechtigter Bürger.

25.05.2013

Dubiose Klimathesen

Zu: „CO2-Werte erreichen Höchststand" vom 13. Mai 2013

Dass steigende CO2-Werte in der Atmosphäre zu verzeichnen sind, ist bekannt. Zugleich ist längst bekannt, dass der CO2-Anteil zwar nachweislich steigt, aber ganz offensichtlich die Temperatur in den letzten Jahren nicht.

Wenn wir konstatieren müssen, dass sich der Energiebedarf weltweit, auch in Deutschland, nicht allein mit der Nutzung von Wind- und Solaranlagen decken lässt, wir also weiter für die Stromerzeugung Gas- und Kohlekraftwerke benötigen, bliebe als Alternative lediglich die CO2-freie Nutzung von Kernkraftwerken.

Insofern sind die neueren Hiobsbotschaften, die bis zum Jahre 2080 reichen (die Alarmisten leben zu diesem Zeitpunkt nicht mehr), gute Nachrichten für die Betreiber von Kernkraftanlagen. Wobei einzuräumen wäre, dass sich Kernkraftwerke mit einem höheren Sicherheitsstandard bauen lassen.

Trotzdem bleibt die These vom schädlichen CO2 dubios. Ein Schelm, wer sich bei diesen Thesen der Klimaforscher Böses denkt.

16.05.2013

Populistisch

Zu: "Gauck nennt Steuerbetrüger "asozial" und Hoeneß und die Fairness" vom 2. Mai 2013

Von einem Bundespräsidenten erwarte ich mehr Disziplin und Ausgewogenheit in seinen öffentlichen Äußerungen.

Es gehört zur Zeit zum guten Ton zu suggerieren, dem Allgemeinwohl wäre mit immer mehr und immer höheren Steuern und Abgaben gedient.

Leider wird hier völlig ausgeblendet, dass eine existente Staatsverschuldung von über 2 Billionen Euro, wozu ein jährlicher Kapitaldienst von ca. 42 Milliarden Euro gehört, keineswegs ein Indiz für einen effizienten und verantwortungsvollen Umgang mit dem Geld der Bürger ist.

Dazu gehört auch die Verschwendung von Steuergeldern, wofür Politiker nie zur Verantwortung gezogen werden. Sie leben in dem Glauben, dieses verschwendete Geld der Bürger sei eigentlich ihr Eigentum.

Und keineswegs vertretbar ist der zunehmend erweckte Eindruck, es sei ein Laster zu den Leistungsträgern und den wirtschaftlich erfolgreichen Menschen zu gehören, denen man pauschal unterstellt, sich nicht mehr sozial zu verhalten.

Hier wird ein Weg beschritten, der dem Allgemeinwohl nicht dienlich ist, weil es ohne eine leistungsfähige und produktive Wirtschaft weder Freiheit noch Wohlstand gibt.

Mehr Versachlichung ist in dieser ganzen einseitigen Debatte geboten.

06.05.2013

Wer zahlt

Zu "Lasst sie ziehen" vom 16. April 2013

Reinhard K. Sprenger trifft den Nagel auf den Kopf. Wir leben schon in einer irrealen Welt, nämlich in einem Sozialstaat, der ein Steuerstaat ist und seinen Bürgern massiv suggeriert, je mehr Steuern dieser Staat bei denen eintreibt, die Geld erwirtschaften, desto besser steht es um das Allgemeinwohl.

Sicher gibt es eine Verschwendung von Steuergeldern. Allerdings gelangt der unzulängliche Umgang mit dem Geld der Bürger nicht auf den Prüfstand, weil jene, die per Einnahmezwang den Staat mit dem Geld der Bürger versorgen, sich selbst für die wahren Wohltäter der Gesellschaft halten. Diese Menschen sind fest davon überzeugt, sie müssten die Leistungsträger der Gesellschaft, besonders wohlhabend gewordene Bürger, polizeilich verfolgen und mit immer höheren Abgaben an den Staat belasten.

Irgendwie stimmt es schon, was der amerikanische Jurist Lysander Spooner feststellte. Von einem Straßenräuber unterscheide sich der Staat am Ende nur noch dadurch: Der Straßenräuber ist ehrlicher als der Staat und gibt nicht vor, ihm läge das Wohl der Bestohlenen am Herzen.

18.04.2013

Klima-Religion

Zu:" Wissenschaften warnen vor der Eiszeit" vom 25. März 2013

Die Beiträge von Ulli Kulke sind immer informativ und könnten einer Versachlichung zum Thema Klimawandel dienlich sein, was aber insbesondere in Deutschland kaum mehr möglich erscheint.

Klimaänderungen hat es immer gegeben und wird es auch weiter geben.

Dass aber der Klimawandel menschengemacht und allein dem CO2-Ausstoß zuzuschreiben sei, diese singuläre These ist schon lange umstritten und wird inzwischen von zahlreichen Wissenschaftlern nicht mehr vertreten.

Doch der fragwürdige Klimaschutz ist in Deutschland längst zur Religion geworden. Hier wird der Staat, gewöhnt an Ökosteuern, keine berechtigte Kritik oder gar Widerspruch dulden.

Mit Steuergeldern geförderte Institute und Umweltverbände, deren Existenzberechtigung von einem angeblichen schädlichen CO2 abhängt, dürften kein Interesse an einer Versachlichung der Debatte besitzen.

02.04.2013

Eigenverantwortung

Zu: "Das böse Wort mit L." vom 22. Februar 2013

Lincoln brachte es auf den Punkt: Wer die Sicherheit der Freiheit vorzieht, verdient beides nicht, weder Sicherheit noch Freiheit.

Deutsche Bürger lieben nicht die Freiheit, sie suchen ihr Glück in der Sicherheit der Gleichheit. Sie wollen nicht für sich selbst, andere und die Gesellschaft verantwortlich sein. Verantwortlich für ihr Wohl und Schicksal ist der Staat, dem sie sich blind anvertrauen.

Der Grundgedanke im Liberalismus ist ein anderer: Menschen sind sich ihrer Eigenverantwortung bewusst, sie sollen in die Lage versetzt werden, ihre Interessen und Bedürfnisse selbst wahrzunehmen, unabhängig von den staatlichen Vormündern. Dazu gehört eine produktive Marktwirtschaft, die ihnen die Chance auf ein eigenes Einkommen bietet (mehr Netto) und damit die Alternative, nämlich ein selbstbestimmtes Leben.

Der Liberalismus wird von den Politikern als "menschenfeindlich" (eisige soziale Kälte) denunziert, auch um davon abzulenken, dass einem Marktversagen in der Regel ein Staatsversagen vorausgeht, was man dann gerne – wie bei der Schulden- und Finanzkrise – den Liberalen ankreidet, obwohl es nicht stimmt.

Eine staatliche Vormundschaft bietet auch eine Existenzbasis für Funktionäre, deren Interesse, Menschen von der politischen sozialen Abhängigkeit zu emanzipieren, ist eher gering.

Den deutschen Bürgern fehlt der Mut zur Freiheit, denn Freiheit ohne Verantwortung gibt es nicht.

Ich denke, wir brauchen die Liberalen, damit uns die Freiheit nicht ganz abhanden kommt.

27.02.2013

Vom Wert der Freiheit

Zu: "Konvertierte Kapitalisten" vom 21. Januar 2013

Olaf Gersemann bringt es auf den Punkt: Es ist an der Zeit, dass gängige Glaubensbekenntnisse analysiert und hinterfragt werden.

Für breite Schichten der Bevölkerung erhöhte sich weltweit der Lebensstandard; die Weltarmut ist stetig gesunken, nicht gestiegen. Eine globalisierte Wirtschaft sichert den Menschen einen steigenden Wohlstand für alle. Da gibt es Reiche, die, bedingt durch individuelle Leistungen, reicher wurden, aber die Armen in der Welt werden auch immer dann wohlhabender, wenn sie von einer florierenden Wirtschaft profitieren.

Nur in den Staaten, die von der Globalisierung ausgeschlossen sind, herrscht wirklich Hunger und Elend, besonders aber Unfreiheit – aber das ist kein Verschulden der westlichen Industriestaaten, was immer wieder versucht wird, uns einzureden.

Freiheit bedeutet nicht Gleichheit, aber ohne Freiheit gibt es keine Motivation für ständige individuelle und gesellschaftliche Veränderungen.

23.01.13

Unternehmergeist

Zu: Berliner Flughafen-Debakel, 8. Januar 2013

Es wäre für die deutschen Steuerzahler verantwortungsvoller gewesen, den Bau eines Flughafens in Berlin im Jahre 2002 einem privaten Unternehmer anzuvertrauen, der für den Berliner Flughafen Planung, Bau, Ausführung und auch das Risiko übernommen hätte.

Dass die Politik Aufsicht und Planung für ein Projekt übernahm, wo es den Politikern an der erforderlichen Qualifikation mangelt, hat sich schlechtweg als ein teurer Irrtum erwiesen.

Wird auf die Verantwortung der politischen Aufsichtsräte verwiesen, ein Rücktritt von Herrn Wowereit gefordert, besitzt das immer einen bitteren Beigeschmack. Denn diese Herren tragen doch die Verantwortung, aber sie haben keine. Auch wenn sie ihr Amt oder ihr Mandat verlieren, winkt immer noch die Pension - sie haften ja für keine Verluste.

Fazit: Die Politik in Deutschland sollte mehr Vertrauen zu den privaten Unternehmen besitzen, denn diese und eben nicht die Politiker sind auch die besseren Unternehmer.

08.01.2013

In Freiheit leben

Zu: "Erkrankung des Glaubens" vom 27. Dezember 2012

Nur Freunde der Freiheit sind Wegbereiter für eine freie, humane und soziale Gesellschaft.

Gefährdet wird die Existenz einer menschlichen Gesellschaft durch Ideologen aller Schattierungen, die vom Besitz einer absoluten Wahrheit überzeugt sind, daraus auch die Botschaft ableiten, sie müssten ihren Glauben, ihre Weltanschauung mit aggressiven Mitteln gegen alle Menschen durchsetzen, die ihre Anschauungen nicht teilen.

Die Ideologie des Kommunismus, des Nationalsozialismus forderte Millionen Opfer, und wenn Islamisten oder auch andere religiöse Gruppen "Andersgläubige" verfolgen, unterdrücken, mittels Terroranschlägen töten, so hat das in der Tat nichts mit Gottesgläubigkeit zu tun, sondern mit dem irrigen Glauben, sich im Besitz einer absoluten Wahrheit zu befinden.

Gleiche Freiheit für alle, Eigenverantwortlichkeit, Glaubensfreiheit, Religionsfreiheit sollten Grundanliegen für alle sein, die den Ideologien des Totalitarismus Paroli bieten.

02.01.2013

Wenig gesagt

Zu "Steinbrück: Mit mir wird es keine große Koalition geben" vom 10. Dezember 2012

Es wäre besser gewesen, wenn er Steinbrücks Redezeit begrenzt hätte, um in einer halben Stunde seinen Genossinnen und Genossen seine Zielvorstellungen zur inhaltlichen Diskussion vorzustellen. Das ist leider nicht geschehen. So wurden Fragen der Euro-Krise, der Staatsverschuldung, der künftigen Wettbewerbsfähigkeit der Unternehmen und Betriebe ausgeblendet. Fällig gewesen wären klare Aussagen zur Vergemeinschaftung von Schulden, der Energieversorgung, dem Gesundheitswesen, oder auch wie sich in bestimmten Branchen, die Produktivität erhöhen lässt, um höhere Löhne zahlen zu können. Stattdessen wird eine weitere Bürokratisierung angestrebt, eine Ausweitung von Ministerien. Herr Steinbrück brachte es fertig, zwei Stunden zu reden, ohne viel gesagt zu haben. Das ist auch eine Leistung.

14.12.2012

Grüner Pferdefuß

Zu: „Von wegen autoritär" vom 4. Dezember 2012

Dass sich Frau Göring-Eckardt bemüht, neue Themenfelder für die Grünen zu entdecken, ist verständlich und war auch nicht anders zu erwarten.

Chancengleichheit, gleiche Freiheit für alle, da kann man nur zustimmen. Nur: dazu braucht man die Grünen nicht. Was die Umwelt und Ressourcen anbelangt, die Entwicklung und Nutzung von alternativen Technologien, auch dazu braucht man die Grünen nicht, da auch dies ein Grundanliegen anderer Parteien ist und überdies eine Sache von Unternehmern, Ingenieuren, Technikern, Handwerkern, die davon etwas verstehen.

Dazu gehört allerdings eine leistungsfähige Volkswirtschaft, und da bleiben die Zielvorstellungen von Frau Göring-Eckardt völlig im Nebel. Dass der Umgang des Staates mit dem Geld der Bürger auf den Prüfstand gehört, davon ist bei ihr schlicht nichts zu hören, nur die schon fast infantile These, man brauche doch nur die Abgaben auf Vermögen erhöhen, dann würde der Staat für die entsprechenden Wohltaten sorgen. Bürger wieder in die Lage versetzen, selbst bestimmt eigene Bedürfnisse und Interessen wahrzunehmen, davon ist in diesem Essay nicht die Rede.

06.12.2012

Von wegen Paradies

Zu: "Der Steuerkrieg" vom 24. November 2012

Dass die Steuerfrage in Deutschland auf einem erstaunlich fruchtbaren Boden fällt und sich ausgezeichnet für eine Neid - und Gerechtigkeitsdebatte politisch instrumentalisieren lässt, ist ganz und gar kein Indiz für ein verantwortliches und waches Bewusstsein der Bürger, sondern ein Beleg für eine blinde Staatsgläubigkeit.

Offenbar glauben die Bürger, der Staat könne besser als sie selbst mit dem Geld umgehen. Das ist auch der Grund dafür, warum Einnahmezwang und Zwangsbesteuerung als Normalität und nicht als Aggression verstanden werden.

Dass aber der Staat ständig Steuern erhöht und sich damit am Allgemeinwohl nichts ändert, wird von den Bürgern ausgeblendet, ja es wird nicht einmal mehr der Sinn und Zweck von staatlichen Subventionen hinterfragt. Und so können Politiker eifrig suggerieren, wenn man die Reichen, die Bürger, besonders den Mittelstand, immer weiter mit Steuern und Abgaben belastet, wird die Republik zum Paradies. Das dürfte sich als bitterer Irrtum erweisen.

28.11.2012

Zukunft der Jugend

Zu: "Wir sind eine verlorene Generation" vom 12. November 2012

Wenn junge Menschen resignieren, frustriert sind, können sie sehr leicht das Opfer von politischen Rattenfängern werden.

Unsere Jugend braucht eine Zukunft in einem freien Europa, und das muss ein Grundanliegen aller gesellschaftlichen Schichten sein. Jeder junge Mensch soll sich frei für seine angestrebte Bildung entscheiden können, aber wir müssen uns von der Illusion verabschieden, dass allein eine universitäre Ausbildung eine professionelle Zukunft garantiert. Wer an den Bedürfnissen der Wirtschaft vorbei studiert, besitzt ein hohes Risiko der Arbeitslosigkeit.

Ingenieurwissenschaften, Naturwissenschaften, qualifizierte Techniker und Handwerker sind für die Basis einer industriellen Gesellschaft unerlässlich. Und für Arbeitsplätze können nur Unternehmen sorgen, nicht Regierungen, die lediglich Bürokratien produzieren. Davon wird

die Zukunft der Jugend abhängen, ob wir eine leistungsstarke Volkswirtschaft besitzen, die sich unabhängig von einem gängelnden
Etatismus entwickelt.

19.11.2012

Teure Dienstwagen

Zu: "Schwere Kisten" vom 12. November 2012

Ob unsere Politiker schwere Kisten, also Autos mit einem höheren
CO_2-Ausstoß fahren oder nicht, darüber kann man ja trefflich streiten
und höchst verschiedener Meinung hinsichtlich der Kosten sein. Aber
ob mit Fahrzeugen mit einem angeblich geringeren schädlichen
CO_2-Ausstoß unser Klima geschützt oder gar gerettet wird, das ist nun
mehr als fraglich.

Leider ist es für unsere sogenannten Klimaschützer völlig ohne Belang,
ob ihre These von einem menschengemachten Klimawandel stimmt
oder nicht, es geht ihnen offenbar nur noch darum, den Menschen den
Glauben zu vermitteln, sie könnten mit ihrem Verhalten das Kima
beeinflussen.

Wir mussten uns in unserer Erdgeschichte schon immer mit Klimaveränderungen abfinden. Die Menschen stellten sich darauf ein, sonst
wären sie ertrunken, erfroren oder verhungert.

16.11.2012

Zahlen, bitte!

Zu: "Wer erfolgreich studiert, soll zahlen" vom 26. Oktober 2012

Eine Beteiligung an den Studiengebühren wäre auch gegenüber den
anderen beruflichen Qualifikationen ohne universitäre Ausbildung
mehr als berechtigt. Und die zukünftigen Akademiker würden etwa

übernehmen, was in Deutschland noch sehr fremd ist, einen Beitrag für eine Eigenverantwortlichkeit für das eigene Leben und die eigene Zukunft.

Das wäre auch sozial gegenüber jenen, die mit ihren Steuern Hochschulen finanzieren, aber für ihre Ausbildung selbst sorgen müssen. Und sie würden ähnlich wie in den USA eine vertiefte Beziehung zu ihrer Universität entwickeln, nämlich zu der Normalität, seine Uni in seinem ganzen Leben mit Spenden zu unterstützen.

30.10.2012

Über Strom

Zu: "Strom vom Staat" vom 14. Oktober 2012

Nein, ich bin kein Atomfreund, aber die von den Grünen (auch der SPD), den Umweltverbänden geschürte und politisch genutzte "Atomangst" steht in keiner Relation zur Realität. Für den überstürzten Ausstieg aus der Energie in Deutschland gibt es keinen plausiblen Grund.

Es werden in den nächsten Jahrzehnten Millionen Menschen in Deutschland an Krebs sterben, auch an anderen Krankheiten. Zehntausende verlieren ihr Leben im Straßenverkehr, nur Atomtote wird es nicht geben. Die gab es selbst nach dem Reaktorunglück von Fukushima nicht.

Die Realität wird bei den Grünen, der SPD, den immer dubioser werdenden Umweltfreunden ausgeblendet, weil sie mit der Atomangst und auch einem sogenannten Klimawandel eine politische Vermarktung betreiben und daher auch jedwede Diskussion über die tatsächlichen Fakten ignorieren.

18.10.2012

Umstrittener Kanzler

Zu: Helmut Schmidt für alle" vom 8. Oktober 2012

Idole haben ihre Schattenseiten. Das ist auch bei Herrn Schmidt der Fall.

Die SPD verstand sich unter seiner Regierung als Reformpartei. Reformen mögen gewollt gewesen sein, aber da sei einmal an das Jahr 1974 erinnert, da kommentierte "Der Spiegel" (Nr. 51, 16. Dezember 1974): "Trotzdem müssen sich Bund, Länder und Gemeinden 1975 mit über 50 Milliarden Mark neu verschulden. Doch wegen der Zins- und Tilgungslasten kann ein solcher Berg nur einmal aufgebaut werden. Im Wahljahr 1976, darüber sind sich alle Experten einig, muss der Staat seine gesetzlichen Leistungen kräftig zurückdrehen oder aber die Steuern kräftig anheben."

Der amtierende Kanzler Helmut Schmidt ließ sich von dem Gewerkschaftsführer Klunker schlicht erpressen. Aus Sicht von Helmut Schmidt war die überhöhte Forderung für den "öffentlichen Dienst" von über 10 Prozent nicht vertretbar, ließ sich aber über Schulden finanzieren.

Niemand, auch Herr Schmidt nicht, dachte in den folgenden Jahren an Tilgung, vielmehr wurde das Tempo der Staatsverschuldung von Jahr zu Jahr kräftig beschleunigt.

Doch die steigende Staatsverschuldung bereitete den Regierungen keine Sorgen, schließlich können Regierungen ihre Bürger mit Schulden in jeder beliebigen Höhe belasten. Sie besitzen gegenüber allen verantwortlichen Bürgen einen Vorteil: Niemand kann sie haftbar machen. Man trägt halt Verantwortung, läuft aber nicht Gefahr, Verantwortung übernehmen zu müssen. Und deshalb wird sich am Tempo der Staatsverschuldung auch in Zukunft nichts ändern.

11.10.2012

Die richtigen Worte

Zu: "Was er hätte sagen sollen" vom 21. September 2012

Mitt Rommey hätte sagen müssen: „Wir werden alles tun, damit es für alle Bevölkerungsschichten unserer Gesellschaft wieder Perspektiven gibt, damit sie unabhängig von staatlicher Fürsorge und Bevormundung werden.

Wir werden einen Weg gehen, der dazu führt, dass die Bürger unseres Landes wieder in die Lage versetzt werden, ihre Bedürfnisse und Interessen selbst wahrzunehmen.

Wir werden für die Wettbewerbsfähigkeit unserer Unternehmen sorgen, indem wir ihnen keine unnötigen Lasten aufbürden.

Wir sind zu der Einsicht gelangt, dass ein überbordender Wohlfahrtsstaat am Ende immer weniger leisten kann und es daher besser ist, den Menschen die Alternative zu bieten, ihren Lebensunterhalt durch eigene Erwerbstätigkeit zu bestreiten.

Wir wissen, dass in unserem Land Menschen auch in wirklicher Not leben, Kranke, Arme, denen Hilfe und Solidarität gebührt. Ihnen werden wir helfen. Aber wer sich selbst helfen kann, wird und muss sich künftig um sein eigenes Wohl kümmern."

Euer Mitt Rommey

26.09.2012

Macht der Neider

Zu: "Lieber arm als reich" vom 19. September 2012

Lebensstandard und Wohlstand sind gestiegen, eine gute Nachricht. Trotzdem wird der Blick nur auf die "Reichen" gelenkt. Eine öffentliche Diskussion mit Augenmaß ist nicht zu erwarten.

Es ist nahezu unbekannt, dass die Mehrheit der Millionäre in Deutschland sich durchaus ihrer sozialen Verantwortung bewusst ist. Allerdings wollen Sie auch wissen, wofür ihr Geld verwendet wird, wenn sie etwas für das Gemeinwohl tun, sei es mit Spenden oder durch Stiftungen.

Der Schrei nach mehr Steuern ist immer groß. Die deutsche Neidkultur besitzt viele Varianten. Abraham Lincoln brachte es auf den Punkt: "Ihr werdet die Schwachen nicht stärken, indem ihr die Starken schwächt. Ihr könnt den Menschen nie auf Dauer helfen, wenn Ihr für sie tut, was sie selber für sich tun sollten und können..."

Die anvisierten Spitzensteuersätze werden dafür sorgen, dass sich Verdienen nicht mehr lohnt. Für das Gemeinwohl hat das einen entscheidenden Nachteil: Wohlhabende werden auf Investitionen verzichten.

24.09.2012

Süßes Gift

Zu: „Märkte feiern Super Mario" vom 8. September 2012

Stärkung, nicht Schwächung und Aushebelung der Marktwirtschaft lautet das Gebot der Stunde.

Eine konkurrierende Währung könnte zur Disziplinierung der Euro-Währung beitragen.

Die EZB mag glauben, sie zieht mit einem Ankauf von Staatspapieren verschuldeter Staaten den Kopf aus der Schlinge, aber in Wahrheit wird das Vertrauen in die Euro-Währung verspielt, und am Ende steht eine Währungsreform.

12.09.2012

Essen im Tank

Zu: Göring Eckardt verteidigt Biokraftstoffe" vom 25. August 2012

Wenn die Naivität Purzelbäume schlägt, besitzt der Widerspruch seine besondere Berechtigung. Frau Göring-Eckardt besitzt keine Verantwortung für ein Unternehmen, aber sie fühlt sich befähigt, Richtlinien für 80 Millionen Menschen zu setzen.

Dazu gehört auch ein hoher Benzinpreis, angeblich der Umwelt zuliebe. Ein höherer Benzinpreis belastet nicht nur den privaten Autofahrer, er führt zur Erhöhung der Transportkosten und zu höheren Kosten bei allen Dienstleistungen.

Profiteur der steigenden Benzinpreise ist auch der Staat selbst. In Deutschland werden bereits 20 Prozent der landwirtschaftlichen Flächen für die Energieerzeugung genutzt. Das International Food Policy Resarch Institute (Ifpri) warnt davor, immer mehr Ackerflächen für den Anbau von Biosprit zu verwenden. Das könnte den Welthunger nur verstärken.

Steigende Nahrungsmittelpreise sind ein ernstes Problem. Die Klimaschützerin Göring-Eckardt kümmert das wenig - das Geschäft mit der Apokalypse blüht.

30.08.2012

Raubzüge

Zu: "Papa ist unersättlich" vom 21. August 2012

Die europäische Krise ist auch eine Krise der wirtschaftlichen Unvernunft in den Demokratien. Sie resultiert aus einem Anspruchsdenken der Bürger an den Staat, gewollt und gefördert auch von der Politik aller Parteien.

Praktiziert wird eine neosozialistische Fiskalpolitik, und diese führte zwangsläufig zur Staatsverschuldung. Höheres Steueraufkommen weckt weitere Begehrlichkeiten, erhöht die Lust an ineffizienten Wahlversprechungen, aber damit wird das Allgemeinwohl nicht gefördert.

Weil dem so ist, werden sich auch mit den Raubzügen durch das Land keine Probleme lösen, sondern mit ihnen wird schrittweise wirtschaftliche Substanz verzehrt.

Gibt es in Deutschland keine Reichen mehr, keine Unternehmer mehr, keine Bürger, die ihr Kapital sinnvoll investieren, sieht es mit der wirtschaftlichen und damit sozialen Zukunft Deutschlands schlecht aus.

23.08.2012

Gefahr für alle

Zu: "Der wahre Preis der Krise" vom 15. August 2012

Den wahren Preis für die Krise müssen Unternehmen und Bürger längst bezahlen: mehr Steuern, sinkender Geldwert.

Eigentliche Ursache der Krise ist die immense Staatsverschuldung der europäischen Regierungen, aber mit diesen Ursachen wird sich nicht befasst, und das ist der Grund dafür, warum den Regierungen schlicht an einer schleichenden Geldentwertung gelegen ist.

Zudem wird eifrig suggeriert, man müsse nur mit allen Mitteln, auch illegalen, mehr Steuern eintreiben, um eine selbst verschuldete Krise zu bewältigen.

Verschlechtern sich aber die Bedingungen für eine florierende Volkswirtschaft, landet Europa in einer Stagnation, die eine Gefährdung der Demokratie bedeutet.

Man darf sich nicht wundern, wenn die Bürger allmählich resignieren. Eine Parallelwährung könnte da sicherlich sehr hilfreich sein.

17.08.2012

Schwer zu verstehen

Zu "Merkel macht mit" vom 28. Juli 2012

Nicht nur Frau Merkel, auch die Regierungen, einschließlich Francois Hollande, machen mit, nur wissen sie offensichtlich selbst nicht mehr, was sie eigentlich mitmachen und welche weitreichenden Entscheidungen eine wirkliche Lösung der Euro-Krise bringen.

Ursache der Euro-Krise ist die immense Staatsverschuldung europäischer Staaten und hier müssen sie eine Antwort finden, nicht aber ihr Heil in einer sogenannten Bankenaufsicht suchen.

Das beste Signal für die Märkte sind und bleiben Regierungen, die mit dem Geld der Bürger anders, verantwortungsvoller umgehen. Ist das so schwer zu verstehen? Offenbar ja!

31.07.2012

Falscher Ansatz

Zu: "Sollte das Elterngeld abgeschafft werden" vom 11. Juli 2012

Ja, das ist ein konkreter Vorschlag. Man sollte endlich den Bürgern ihr eigenes Geld lassen, und sie sollten selbst entscheiden, ob sie eigenen Nachwuchs wünschen.

Es scheint eine fixe Idee von Politikern zu sein, man können mit diesen höchst fragwürdigen staatlichen Förderungen die Geburtenzahlen erhöhen. Es gibt heute in Deutschland Paare, die sich Kinder leisten können, aber sich mit einem Schäferhund begnügen.

Ich habe in den Zeiten des Kalten Krieges junge Menschen erlebt, die auf Kinder verzichteten, weil aus ihrer Sicht keine Zeiten waren, um noch Kinder in die Welt zu setzen. Wir leben wieder in unruhigen Zeiten. Und auch da sagen sich junge Leute: Kaufen wir uns jetzt ein neues Auto, machen wir jetzt eine Reise, denn wenn Politiker mit

Rettungsschirmen und Versprechungen unsere Zukunft verspielen, wer soll sich da noch Kinder leisten?

Diese Probleme sind weder mit Eltern- noch mit Kindergeld zu lösen.

14.7.2012

Anpassen, bitte

Zu "Verbohrt in Rio" vom 18. Juni 2012

Wahrlich, das kann man sagen: Eiszeiten, Warmzeiten, Kosmische Explosionen, Meteoriteneinschläge, verheerende Vulkanausbrüche, Erdbeben, Überschwemmungen, Dauerregen, Waldbrände, dieses ganze geologische Desaster, nicht ein Paradies, beschreibt die Geschichte unseres Planeten. Stets musste sich die Menschheit anpassen, um nicht zu erfrieren und zu verhungern.

Klimatologen, die behaupten, es drohe eine Klimakatastrophe durch von "Menschen gemachtes CO_2", unterschlagen, dass es immer schon Zeiten gab, in denen dasselbe anstieg, die Temperatur aber abfiel oder umgekehrt. Wir können annehmen, eine zivilisationsbedingte Erwärmung könnte einen Einfluss besitzen, aber wir wissen es nicht.

Eine wesentliche Beeinflussung der weltweiten CO_2 Emissionen verschlingt Milliarden, die besser angelegt wären, um damit Hunger und Elend in der Welt zu bekämpfen. Wenn die selbsternannten Klimaschützer so sehr von ihrer Mission erfüllt sind, müssten sie eigentlich Befürworter der Kernenergie sein, solange sich die Probleme der Energieerzeugung nicht allein mit Wind und Sonne lösen lassen.

22.06.2012

Verlässlichkeit

Zu "Die gewonnenen Jahre" vom 12. Juni 2012

Eine steigende Lebenserwartung finden wir vornehmlich in den Industriestaaten, und das ist ein Indiz für positiv veränderte Lebens - und Wohnbedingungen. Es ist sicher auch ein Verdienst der Medizin, aber in erster Linie verdanken wir diese Entwicklung einer Marktwirtschaft, die zu einem höheren Lebensstandard breiter Bevölkerungsschichten führte. Gewonnene Jahre können auch glückliche Jahre sein, wenn die Voraussetzungen für einen sinnvollen Ruhestand, für viele auch Unruhestand, bestehen.

Renten beruhen auf Versicherungsleistungen, und diese basieren auf den Beiträgen der Versicherten, woran kein Weg vorbeiführt. Jeder sollte da selbst entscheiden können, wann und zu welchem Zeitpunkt er seine Versicherung für seine Rente in Anspruch nimmt. Diese Rente wird nicht reichen, aber auch das ist kein Problem, wenn Alternativen für eine private Vorsorge bestehen. Das kann die Bildung von Wohneigentum sein, auch eine Betriebsrente, aber auch eine private Kapitalbildung. Doch das setzt eine verlässliche Währung voraus, also Sparen ohne Sorgen um die Zukunft. Diese Verlässlichkeit auf Ersparnisse, die annähernd ihren Wert behalten, besteht zur Zeit nicht, und das ist das relevante Problem, nicht, in welchem Alter Menschen in Rente gehen.

14.06.2012

Wir Untertanen

Zu "EU wird zur Hochsteuerzone" vom 22. Mai 2012

Dass der Staat Steuern erhebt, stets zum Wohl der Allgemeinheit, wird von den Steueruntertanen als Normalität betrachtet, wobei sie völlig übersehen, dass der demokratische Staat hier ein Prinzip der früheren Monarchien übernommen hat. Er betrachtet die Bürger als sein Eigentum und verfügt über das Einkommen seiner Bürger ganz und gar monarchistisch: ohne zu belegen, für welche Zwecke das Geld seiner Bürger verwendet wird.

Ein Staat, der seine Bürger mit einer ständig wachsenden Staatsquote belastet, besitzt offenbar auch kein Vertrauen zu seinen Bürgern und nimmt ihnen die Möglichkeit, ihr Leben eigenständig zu leben, über einen eigenen Freiraum zur Verwendung ihrer Einkommen zu verfügen. Er nutzt seine Verfügungsgewalt stattdessen, um seine Bürger großzügig mit ihrem eigenen Geld zu versorgen. Damit nimmt er ihnen aber auch die Möglichkeit, besser für sich selbst zu sorgen.

Hoffnungen auf einen Wandel bestehen da nicht mehr. Inzwischen sind die Steueruntertanen auch bereit, ihren eigenen Untergang mit ihrem eigenen Geld zu finanzieren - wenn es die Regierung will.

29.05.2012

Weg der Ehrlichkeit

"Endlich wieder liberal" vom 31. März 2012

Politiker verkünden stets soziale Wohltaten, deren Finanzierung sie von der Allgemeinheit erwarten. Das ist einfach und unbequem, leider auch wirkungsvoll. Eine Pendlerpauschale lässt sich gut verkaufen, nur die Realität wird schlicht ausgeblendet.

Im Umland lebt es sich besser, Lebenshaltungskosten sind niedriger, günstigere Mieten, günstigere Grundsteuern für das eigene Haus, wesentlich billigere Nutzung von öffentlichen Büchereien, Kindergärten, Hallen und Freibädern etc. Dafür aber ein weiterer Weg zur Arbeit, sicher, verbunden mit höheren Kosten. Aber unsere Mitmenschen in der Großstadt haben nicht nur höhere Mieten zu zahlen, allgemein sind die Lebenshaltungskosten höher als im Umland.

Wir brauchen, liebe FDP, also auch eine City-Pauschale. Das wäre doch sozial! Komme ja keiner auf die liberale Idee, vielleicht wäre es sinnvoller und auch wirklich sozialer, wenn die Menschen wieder für ihren eigenen Lebensstil verantwortlich sind und nicht mehr mit ihren jeweiligen Interessen und Bedürfnissen die Allgemeinheit belasten. Das wäre übrigens auch ein Weg der Ehrlichkeit, um aus der Schuldenkrise zu kommen.

03.04.2012

Nüchtern beleuchtet

Zu: "Erst am Ende wirkt Gauck entspannt" vom 19. März 2012

Dem Bundespräsidenten wird eine höchst ungewöhnliche Bedeutung zugemessen, und es werden vom Amtsträger wahre Wunder erwartet.

Diesen etwas eigenartigen Rausch nehme ich mit gemischten Gefühlen zur Kenntnis und halte es mehr mit dem Dichter und sozialkritischen Denker John Henry Mackay: "Erhofft alles allein von euch selbst. Erwartet nichts von denen, die euch regieren. Der Staat ist unproduktiv. Er kann nur geben, was er vorher genommen hat."

Dass sich Politiker liebend gerne permanent mit fremden Federn schmücken, wird kaum zur Kenntnis genommen. Das Bundespräsidialamt kosten den Steuerzahler rund 30 Millionen Euro jährlich, und darüber, ob dies noch eine sinnvolle Investition ist, dürfte zumindest noch nachgedacht werden.

20.03.2012

Bewusste Verantwortung

Zu: "Die Vernunft im Menschen" vom 18. Januar 2012

Ulli Kulke lenkt uns auf eine Sichtweise, die leider nur selten gewürdigt wird, geschweige denn ihre berechtigte Beachtung findet.

Ein Kapitän handelt nicht verantwortungsbewusst, dafür wird er mit allen Rechtsfolgen einstehen müssen. Aber die Existenz unserer menschlichen Gesellschaft beruht auf Verantwortung, und dessen sind sich die Menschen bewusst.

Auch wenn es in allen Bereichen schwarze Schafe gibt. Nicht nur Kapitäne, Piloten, Lokführer oder Busfahrer sind sich ihrer Verantwortung bewusst. Ebenso handeln in ihren Disziplinen auch Unternehmer, Ingenieure, Ärzte, Handwerksmeister und Gesellen gegenüber ihren Kunden und Patienten verantwortlich und sind darauf bedacht, Schäden an Leib und Seele zu vermeiden.

Wer nicht so handelt, verhält sich nicht marktwirtschaftlich, er wird abgestraft.

Leider gilt das nicht für unsere Politiker, die für ihre Handlungen weder einstehen noch haften müssen, da gilt immer noch das Wort von Kurt Tucholsky: Sie tragen Verantwortung, aber sie haben keine.

20.01.2012

Länger arbeiten

Zu: „Vom Glück der Spätrente" vom 4. Januar 2012

Meine Generation (ich bin Jahrgang 1932) kam noch auf 45 oder mehr Versicherungsjahre. Da haben wir heute eine andere Situation.

Bevor die Jugendlichen gegenwärtig ins Berufsleben starten sind sie wesentlich älter als wir es bei Beginn des Arbeitslebens waren. Allein daraus ergibt sich schon eine längere Lebensarbeitszeit.

Zudem sollte jeder entsprechend seinen Versicherungsjahren und seiner persönlichen Vorsorge selbst entscheiden, wann er in Rente geht.

Bei der Vorsorge sollte der Erwerb von Wohneigentum nicht durch immer höhere Steuern erschwert werden.

Unredlich sind aber Aussagen, eine längere Lebensarbeitszeit sei eine Zumutung. Seien wir doch froh, dass wir eine längere Lebenserwartung besitzen.

12.01.2012

Der ADAC kann´s

Zu: "Volk unter Verdacht" vom 2. Januar 2012

Vielleicht ist das Volk klüger, als manche Leute glauben.

Das Volk besitzt mehr Vertrauen zu sich selbst, erwartet aber nichts mehr von den Parteien, den Regierungen.

Noch immer entscheiden sich Bürger für Organisationen, denen sie Kompetenz zutrauen. Das ist der Grund dafür, warum der ADAC über zwölf Millionen Mitglieder besitzt.

Davon können nicht einmal die Parteien träumen.

04.01.2012

Das Wohl aller

Zu: "Ran an die Vermögen" vom 15. November 2011

Wenn deutsche Bürger das Vertrauen in die Euro-Währung verlieren, wenn sie versuchen, ihr Geld in Sicherheit zu bringen, dann ja wohl deshalb, weil die Regierungen auch in guten wirtschaftlichen Jahren nicht darauf bedacht waren, staatliche Haushalte zu konsolidieren.

Diese Situation mit der Lage nach dem zweiten Weltkrieg zu vergleichen ist nicht richtig.

Gegenwärtig verlieren Bürger, auch betuchte Bürger, ihr Geld, das sie in Aktien oder in Lebensversicherungen angelegt haben. Das heißt, es werden Vermögen reduziert.

"Ran an die Vermögen" ist eine hübsche Parole, aber auch nicht mehr. Welche Vermögen? Wieviel Vermögen soll an den Staat fließen?

Allein der genüsslich propagierte Satz "für die Wohlfahrt aller" besitzt schon einen Geschmack von "Gemeinnutz geht vor Eigennutz".

18.11.2012

Wer ist schuld?

Zur Berichterstattung über die Schuldenkrise

Die Darstellung von Bundeskanzlerin Angela Merkel, die amerikanische Immobilienkrise sei Schuld an der gegenwärtigen Euro- und Schuldenkrise, ist eindeutig nicht zutreffend.

Es ist doch schließlich so: Die amerikanischen Hypothekenbanken vergaben – mit dem Segen der US-Regierung – ungedeckte Kredite, aber sie waren und sind nicht imstande, eine Schuldenkrise in Europa auszulösen.

Für die Schuldenkrise in der Euro-Zone sind einzig und allein die amtierenden Regierungen verantwortlich - und die Politik sollte sich dazu auch bekennen.

Während der Finanzkrise des Jahres 2008 wurde bereits deutlich, dass die staatlichen Landesbanken und die staatlich beaufsichtigten Banken viel Geld verloren. Geld, für das die Steuerzahler haften mussten.

Was könnte nun aus der Krise führen? Kaum einer vermag das zu beurteilen. Eines kann man vielleicht sagen: Die Aufgabe einer Zentralwährung wäre nicht das Ende von Europa, es könnte auch ein neuer Anfang sein.

01.11.2011

Hysterie in der Klimadebatte

Zu: "Unser Lebensstil muss sich ändern" vom 23. November 2011

Die Regierungen sind für die Panik-Hysterie verantwortlich, und sie schüren bei ihren Bevölkerungen Ängste, auch um im Namen der Klimakatastrophe defizitäre Haushalte auszugleichen.

Mehr Vernunft, mehr Kompetenz im Umgang mit der Frage Klimaschutz wären angebracht, werden aber nicht geleistet.

Die Menschheit musste sich in Jahrtausenden mit Klimaveränderungen abfinden, sich darauf einstellen, und als bei uns im Alten Land Zehntausende ertranken, besaß der Bau von Deichen Priorität.

Dank der Wissenschaft, unserer Ingenieuren, Techniker, Handwerker erleben wir eine permanente Entwicklung bei den Technologien für erneuerbare Energien, und kein Mensch kann heute wissen, wie es dank Innovationen im Jahre 2050 auf der Welt aussehen wird.

In der Klimafrage besitzt nicht nur der Weltklimarat ein Glaubwürdigkeitsproblem, sondern auch die eifrigen Weltverbesserer besitzen es, die auch Biotechnologie und Genforschung als angebliche Gefahren bekämpfen.

30.11.2011

Ohne Hoffnung

Zu: "Beruhigt euch" vom 11. Oktober 2011

Es besteht kein Grund zur Panik, aber es besteht bereits die elementare Notwendigkeit für eine Aufklärung, die im Interesse einer demokratischen Gesellschaft auch von den Medien zu leisten ist.

Eine pauschale Verteufelung der Finanzwelt, wie wir sie gegenwärtig wahrnehmen müssen, ist brandgefährlich, entbehrt jeder Grundlage und ist schlicht verantwortungslos.

Während der Finanzkrise 2008 und auch gegenwärtig verhalten sich Sparkassen, Raiffeisenbanken, Volksbanken und private Banken mehrheitlich im Interesse ihrer Kunden verantwortlich, risikobewusst und sind auf eine entsprechende Eigenkapitalsquote bedacht.

Hätten sich davon staatliche Landesbanken und staatlich beaufsichtigte Banken eine Scheibe abgeschnitten, wären uns einige Milliarden Euro und Probleme erspart geblieben.

Zudem: Mit Gewalt gegen Sachen und Menschen wurden und werden nie Probleme gelöst. Daher: Kein Wasser auf die Mühlen derer, die blind für Realitäten sind und sich den Problemen dieser Zeit nicht stellen.

12.10.2011

Wer ist schuld?

Zu: "Schicker Protest" vom 15. Oktober 2011

Die Jugend der Welt besitzt nur eine Zukunft in einer freien, sozialen und funktionierenden Marktwirtschaft.

Nicht die Banken, sondern die Regierungen sind für eine Verschuldung verantwortlich, die sich nicht mit marktwirtschaftlichen Prinzipen vereinbaren lässt.

19.10.2011

Froh über Neinsager

Zu: Merkels Vertrauter Pofalla unter Druck" vom 4. Oktober 2011

Es könnte eine Situation eintreten, da könnten CDU und FDP sehr froh und dankbar sein, wenn sie darauf verweisen können, dass es in ihren Reihen bei der Abstimmung zum europäischen Rettungsschirm auch Warner, Kritiker und Abweichler gab.

Im Gegensatz dazu müssen sich dann SPD und Grüne sagen lassen, sie präsentierten eine geschlossene Front von "Jasagern".

06.10.2011

Rösler hat Recht

Zu. "Keine Denkverbote mehr" vom 13. September 2011

Keine Denkverbote mehr, da ist Herrn Philipp Rösler nur beizupflichten. Anzufügen ist: Weder die Regierung noch die Parteien nehmen die Insolvenz Griechenlands realistisch zur Kenntnis, sondern sie setzen unentwegt auf das Prinzip Hoffnung.

Schulden lassen sich nicht mit Schulden bezahlen, und es ist auch unvertretbar, Steuerzahler für die Finanzierung von Fässern ohne Boden zu missbrauchen.

Die Euro-Krise resultiert aus den Staatsverschuldungen, und dieses Problem wird nicht, wie es gewisse Politiker glauben, mit immer höheren Steuern gelöst, sondern nur mit einem verantwortungsbewussteren und effizienteren Umgang mit dem Geld der Bürger.

Hier sollte es in einer freiheitlichen Wirtschafts- und Gesellschaftsordnung auch keine Denkverbote hinsichtlich einer konkurrierenden Währung geben. Eine solche könnte zur Disziplinierung des Euro und Haushalte wesentlich beitragen.

15.09.2011

Nicht gewollt

Zu: "Die alte Republik" vom 4. August 2011

Der in Deutschland anhaltende Geburtenrückgang lässt sich nicht mit einer mangelnden staatlichen Fürsorge erklären. Die Ursachen finden sich in einem Bewusstseinswandel.

Menschen meiner Generation litten keine Not, sie hätten sich – wenn auch mit Einschränkungen – die Gründung einer Familie leisten können. Aber in jenen Jahren wurden die Ehe und damit auch die Familie zur reaktionären Institution. Frauen und Männer, die eine Ehe eingingen, legten sich Fesseln an, und insbesondere die Frau musste auf jede Selbstverwirklichung verzichten.

Heute brauchen wir ein Bewusstsein dafür, dass die zwischen Frau und Mann gelebten Beziehungen eine Bereicherung bedeuten und Kinder aus diesen Beziehungen ein ganz besonderes Glück darstellen.

06.08.2011

Ohne Rechtfertigung

Zu: "Die offene Gesellschaft" vom 25. Juli 2011

Mich hat der Kommentar von Frau Seibel tief berührt.

Dafür, dass ich zu den Überlebenden des Zweiten Weltkrieges gehöre, muss ich dem Schicksal für immer dankbar sein. Ehrfurcht vor dem Leben wurde meine Maxime, und ich kann nachvollziehen, wie es den Eltern und Großeltern zumute ist, die ihre Kinder und Enkelkinder durch diese Wahnsinnstat verloren.

Wir können Taten dieser Art nicht verhindern, aber vielleicht können wir doch noch stärker in Schulen vermitteln, dass die Ziele keiner Weltanschauung, Ideologie oder Religion das Töten von Menschen oder auch die Gewalt gegen sie rechtfertigen.

Kein politisches Ziel rechtfertigt unwürdige Mittel.

Eine offene Gesellschaft ist eine Gesellschaft von Menschen, die mit unterschiedlichen Anschauungen ständig lernen müssen, miteinander zu reden und zu leben.

Dazu gehört aber auch: Es kann keine Toleranz für Gewalt gegen Menschen oder Sachen geben. Noch wachsamer werden, das ist eine Anforderung an uns alle.

29.07.2011

Komplexer Wandel

Zu: "Die große Luftnummer" vom 5. Juli 2011

Die Replik von Günter Ederer verdient höchste Aufmerksamkeit, wird sie aber bei unseren Politikern, die sich einer offenen Diskussion nicht stellen, nicht finden.

Die Regierenden haben sich im Tal der Ahnungslosen nicht nur eingerichtet, sie glauben auch noch an einen weiten Horizont, den sie nicht besitzen.

CO_2 gehört zu unserem Leben; 97 Prozent stammen aus der Natur, nur drei Prozent aus menschlichen Aktivitäten. Das Klima ist viel zu komplex, um einen Wandel auf eine singuläre These zurückzuführen.

Aber ob beim Klimawandel oder der Energiewende: Es verstärkt sich der Eindruck, dass sich Deutschland als führende Industrienation verabschiedet.

11.07.2011

Burgen im Sand

Zu: "Unrettbar" vom 15. Juni 2011

Wohl wahr, die Steuergelder für Griechenland sind verloren, und das bringt Christoph Schiltz auf den Punkt, wozu den Politikern der Mut und auch die Einsicht fehlt, sich dieser Wirklichkeit zu stellen und sich für die notwendige Konsequenz zu entscheiden: Griechenland einen Neustart mit einer eigenen Währung zu ermöglichen.

Marktwirtschaft kennt nicht nur den Eintritt, sondern auch den Austritt.

Für die Stabilität des Euros sollte das Geldmonopol des Staates, wozu auch der Annahmezwang einer staatlichen Währung gehört, aufgehoben werden, und es sollte eine Zulassung privater Währungen erfolgen. Nur so kann schlechtes Geld durch gutes Geld verdrängt werden.

18.06.2011

Stetige Entfremdung

Zu: "Formel zur Erlösung" vom 14. Mai 2011

1973 erhielt das Buch "Die Grenzen des Wachstums" den Friedenspreis des Deutschen Buchhandels. Fazit: Unser Bevölkerungs- und Produktionswachstum ist ein Wachstum zum Tode.

Wir haben eine ganz andere Entwicklung zu verzeichnen. Die Zahl der Demokratien ist gestiegen, die Armut ist weltweit gesunken. Der Wald ist nicht verschwunden, Öl und Gasreserven sind für einen weiten Zeitraum noch vorhanden, und in Deutschland beklagen wir einen Geburtenrückgang und hoffen auf eine qualifizierte Zuwanderung.

Ich will den Panik-Nachhaltigkeits-Autoren keine bewusste Fälschung unterstellen, aber vielleicht sollten wir mehr darauf vertrauen, dass die Menschen in jeder Generation für sich immer wieder Lösungen finden werden.

Hört endlich auf zu jammern!

17.05.2011

Gleiche Chancen

Zu: "Konzerne gegen Frauenquote" vom 31. März 2011

Als Betriebsrat in einem größeren Unternehmen wurde ich mit dem Anliegen von Feministinnen konfrontiert.

Zutreffend war, dass der Anteil von Frauen im Bereich Konstruktion/Entwicklung niedrig war. Das lag aber nicht am bösen Willen der

Unternehmensleitung oder am Kapitalismus, sondern daran, dass weniger Frauen als Männer Ingenieurwissenschaften studiert hatten.

In anderen Bereichen gab es mehr Frauen als Männer und gewerbliche Arbeitnehmer akzeptierten auch, wenn qualifizierte Sekretärinnen besser bezahlt wurden.

Wir haben seit Jahren eine Entwicklung, in der sich Männer und Frauen auf gleicher Augenhöhe befinden. Man sollte der Breitenentwicklung mehr Aufmerksamkeit schenken und weniger der Frage, ob sich mehr Männer oder Frauen in den Aufsichtsräten befinden.

Allen Erwerbstätigen sollten gleiche Chancen geboten werden, nicht aber eine Ausrichtung nach Quoten. Menschen sind nicht gleich, nicht in ihren Begabungen und Talenten. Gerade in Deutschland wird das nicht akzeptiert. Und deshalb findet sich bei uns ein Nährboden für Neid und Hass.

05.04.2011

Unser Wohlstand

Zu: Stiften gehen" vom 5. Februar 2011

Wohl wahr, nicht nur in Deutschland, weltweit veränderten sich die Lebenswohnbedingungen breiter Bevölkerungsschichten grundlegend positiv. Auch die Armen wurden permanent reicher!

Wer konnte sich im Jahre 1962 in Deutschland eine größere Wohnung, einen PKW leisten? Wer konnte sich ein Reihenhaus leisten?

Es ist wahr, die Reichen wurden reicher, wahr ist aber auch, in der Regel beruht Reichtum nicht auf Raub und Ausbeutung, sondern auf individueller Leistung, sowohl bei Unternehmern als auch bei Managern oder Künstlern.

Könnten die Bürger mehr über ihr eigenes Geld verfügen, besäßen wir nicht nur einen größeren Wohlstand, sondern auch die Voraussetzung

für mehr eigenverantwortliches Handeln bei der eigenen Daseins-
fürsorge.

Immerhin, obwohl auch hierzulande noch der staatlich gepriesene
Sozialismus bei allen Parteien dominiert, verdanken wir allein einer nur
partiellen Marktwirtschaft unseren nicht unerheblichen Wohlstand.

08.02.2011

Den Staat füttern

Zu: "Die Spitzensteuer greift viel zu früh" vom 16. August 2010

Dem Volk wird suggeriert, je mehr der Staat mit Steuern gefüttert wird,
desto besser sei es um das Allgemeinwohl bestellt. Eine mehr als
dubiose These. Die Haupteinnahmequelle des Staates ist die
Mehrwertsteuer, und diese Steuer wurde in den vergangenen Jahrzehnten ständig erhöht, zuletzt von 16 auf 19 Prozent.

Nur: Was hat sich dadurch für die Bürger geändert? Die Zwangsbesteuerung wird als Normalität betrachtet, und daher verfügen die
Politiker über das Geld der Bürger, als wäre es ihr Eigentum. Zur
Rechtfertigung wird dann behauptet, eine Solidargemeinschaft müsse
per Zwang verordnet werden, damit die Politiker Gutes für das Volk
tun können - wobei dann völlig verdrängt wird, dass dem Volk dabei
die Mittel und die Möglichkeiten genommen werden, für sich selbst
Gutes zu tun.

Dass Politiker, die eine Erhöhung der Steuersätze auf das Einkommen
der Bürger fordern, damit Leistungen unter Strafe stellen, kommt ihnen
dabei nicht in den Sinn, vielmehr bilden sie sich noch ein, sie
vollbrächten damit eine gute Tat - nur für wen eigentlich?

Mir erscheinen die verschiedenen Thesen zur Geldbeschaffung für den
Staat abgenutzt.

19.08.2010

Das Feindbild bewahren

Zu: "Was ändert Kurras an 68" vom 27. Mai 2010

Die Tatsache, dass ein Polizist wie Kurras Mitglied der SED war, auch noch ein Mitarbeiter der Stasi, werden 68er deshalb ignorieren, weil sie sich ein Feindbild bewahren, an dem sie heute noch hängen, manche sich sogar bestätigt sehen: Antikapitalismus.

Ohne Zweifel kam von der Apo auch berechtigte Kritik, ideologische Verkrustungen aufzubrechen, aber die Mehrheit der deutschen Intellektuellen sah die DDR als den besseren Staat, einen Garanten für den Frieden, Bollwerk gegen den Kapitalismus und dazu gehörte auch eine völlig unkritische Haltung gegenüber den kommunistischen Staaten.

Die DDR unterstützte alle Bestrebungen in Westdeutschland, die sich aus ihrer Sicht gegen den Kapitalismus, Militarismus, gegen die Nato richteten.

29.05.2010

Kein Vertrauen in den Euro

Zu: "Griechenland muss austreten" vom 07. Mai 2010

Da der Eintritt der hellenischen Republik mit gefälschten Zahlen erfolgte, besteht eine Begründung für den Ausschluss aus der Währungsunion.

Gegenwärtig stürzt nicht nur der Euro ab, auch das Vertrauen in den Euro geht durch die Milliardenzahlungen an Griechenland mehr und mehr verloren. Insgesamt haben die europäischen Regierungen an Vertrauen verloren.

Über die Verhältnisse gelebt haben unsere Politiker mit ihrer Schuldenpolitik und einer verantwortungslosen Geldpolitik.

Es ist an der Zeit aufzuwachen und sich der Verantwortung für eine stabile Währung zu stellen.

10.05.2010

Schulen und Neiddebatte

Zu: "Der ganz große Elternsprechtag" vom 1. April 2010

Politiker aller Couleur verlangen immer mehr Geld für Bildung, aber ist das das eigentliche Problem?

Wenn es mehr Privatschulen gibt, könnte das auch ein Indiz für mehr Mut zu Bildungsfreiheit und Wettbewerb sein. Ein größeres Angebot an Schulen bedeutet auch keine soziale Spaltung, eher das Gegenteil: mehr Chancengleichheit. Bei einer steigenden Zahl von Jugendlichen ohne Ausbildung sei daran erinnert, fast ein Fünftel der Deutschen im Alter 24 bis 65 Jahre besitzen keine Berufsausbildung.

Aber wer in Deutschland durch individuelle Leistung ein höheres Einkommen erzielt, besitzt hierzulande ein negatives Image, statt als Vorbild gesehen zu werden.

Auf den Prüfstand müssen Neidideologien, zu denen auch gehört, unsere Jugendlichen in Watte zu packen, ihnen die Wege zu ebnen und argwöhnisch darauf zu achten, nicht überfordert zu werden.

Wir brauchen in Deutschland nicht mehr Geld – wir brauchen einen Bewusstseinswandel.

13.04.2010

52

Was ist sozial?

Zu: „Staat auf die Bremse", "Westerwelle hat Recht", "Genugtuung für die FDP", Karikatur auf Seite eins, vom 17. Februar 2010

Der französische Ökonom Frédéric Bastiat formulierte sehr treffend: "Der Staat ist die große Fiktion, nach der sich jedermann bemüht auf Kosten von jedermann zu leben."

Daher sei vor einer einseitigen Debatte gewarnt. Auf den Prüfstand gehört der Staat selbst.

Mehr Eigenverantwortlichkeit ist nicht nur von den Bürgern zu fordern, vielmehr von den Politikern aller Parteien, den Lobbyisten der Industrie, der Landwirtschaft, die den Staat für ihre Interessen im Namen der Allgemeinheit und zulasten der Allgemeinheit ausnutzen.

Es bleibt auch zu fragen, ob es nicht effizienter wäre, wenn die Bürger viele öffentliche Aufgaben besser erfüllen könnten als die Regierung, von der man nachweislich nicht behaupten kann, mit dem Geld der Bürger sinnvoll und verantwortlich umgehen zu können.

23.02.2010

Totalitäres Weltbild

Zu: „Wagenknecht verteidigt Hitler-Merkel Vergleich von Hugo Chávez" vom 19. Mai 2008

Frau Sahra Wagenknecht sollte über ihr eigenes Weltbild nachdenken.

Die Parteien des Kommunismus, wozu auch die Linke gehört, stehen in der Tradition des Totalitarismus und der Inhumanität.

Dass der Kommunismus historisch scheiterte, ruinierte Volkswirtschaften sowie über 100 Millionen Tote zu verantworten hat, wird zunehmend in unseren Medien ignoriert.

Dabei sollte es zum Allgemeinwissen gehören: Nur die Marktwirtschaft ermöglicht eine effiziente Volkswirtschaft, und gerade diese wird von den Rechten und Linken verteufelt.

Leider sorgt die Politik dafür, dass nur noch eine partielle Marktwirtschaft existiert und durch einen zunehmenden Etatismus weiter ausgehebelt und reglementiert wird. Mit der Folge, dass braunen und roten Rattenfängern der Boden bereitet wird.

21.05.2008

Leserbriefe im Hamburger Abendblatt

Versachlichen

Zu: "Die Erde ist in Gefahr – aber die USA wiegeln ab"
15. November 2007

Es ist an der Zeit, das Thema von der sogenannten Klimakatastrophe zu versachlichen.

Das Geschäft mit der Apokalypse wird zur eigentlichen Bedrohung der Erde. Die Armen in Afrika, Asien und Lateinamerika müssen sich schon fragen, wer schützt uns vor den Umweltschützern.

Es ist kaum sinnvoll, wenn man den Regenwald mehr und mehr für Biosprit, gewonnen aus Zuckerrohr, nutzt.

Erneuerbare Energien sollte man fördern, aber bisher lässt sich damit der Strombedarf nicht decken, und das ist der Grund, weshalb "umweltfreundliche" Kohlekraftwerke, die technisch möglich sind, Sinn haben.

22.11.2007

Unklare Zukunft

Erforderliche umweltfreundliche Technologien sind zu deutlich niedrigeren Kosten verfügbar, als dies im Bericht des IPCC (der Weltklimarat) angenommen wurde. Eine eindeutig falsche Aussage und ein

Indiz dafür, was von bestimmten Thesen und Aussagen dieser Vereinigung zu halten ist.

In Wahrheit weiß kein Mensch, wie sich das Klima in den nächsten Jahrzehnten entwickelt, weil sich die möglichen Auswirkungen von umweltfreundlichen Technologien gar nicht im Voraus berechnen lassen.

27.11.2007

Wer zieht ins Kanzleramt?

Für seine Neuwahl besaß Gerhard Schröder keine stichhaltige Begründung. Rot-Grün besaß die numerische Mehrheit, und wenn ein Kanzler meint, er findet nicht genügend Unterstützung, können künftige Kanzler alle vier Wochen Neuwahlen veranstalten.

Es ist auch rätselhaft, von welchen Reformen Schröder redet, die er auf den Weg gebracht haben will. Deutschland befindet sich durch das Verschulden der Politiker in der Schuldenfalle.

27.09.2005

Da stimmt etwas nicht

Der Umgang mit den Renten, dieser Betrug an einer Generation, die mit langen Arbeitszeiten, kurzen Urlaubszeiten, mäßigen Löhnen und Gehältern Deutschland wieder aufbaute, verdeutlicht die Verlogenheit der verantwortlichen Politiker.

Gerhard Schröder selbst gab in seiner Regierungserklärung 1998 die "dreifache Versicherung" ab: "Wir werden den heute in Rente lebenden Menschen ihre Rente sichern und ihnen jedenfalls ihre oft geringen Einkünfte nicht kürzen."

21.06.2005

Lebensstandard

Parolen wie „Globalisierung bedeuten Armut und Not" entbehren jeglicher Realität.

Wirtschaftlich benachteiligt sind gerade die Länder, die von der Globalisierung ausgeschlossen sind.

Staaten, die miteinander durch Handel und Wandel verbunden sind, führen gegeneinander keine Kriege und erhöhen den Lebensstandard ihrer Völker.

31.05.2007

Leserbriefe im Heimatblatt
"Mittwochs Journal"

Mit der Realität nichts zu tun

Zum Querkopf "Tante Trude und die Banken"

Eine Diskriminierung der Banken per se, wie sie von Frank Wallin vorgenommen wird, ist völlig unangebracht, und es werden Thesen verbreitet, die mit der Realität nichts zu tun haben.

Es sind nicht die Raiffeisenbanken, Volksbanken, Sparkassen und privaten Banken, die den Steuerzahler belasten, sondern das sind gerade die staatlichen Landesbanken oder die staatlich beaufsichtigten Banken, welche mit ihren Milliarden Verlusten den Steuerzahler zur Kasse bitten.

In den Aufsichtsräten sitzen hochkarätige Politiker, auch Gewerkschaftler, die uns Herr Wallin als Opfer präsentieren möchte.

Ursächlich verantwortlich für die immense Staatsverschuldung sind Regierungen, die mit dem Geld der Bürger unverantwortlich umgehen, und da kann man den Banken nicht anlasten, wenn sie weitere Kredite gehen hohe Zinsen vergeben.

10.08.2011

Zeitzeugen:
Skizzen der Erinnerung
und Mahnung

Emma Goldman (1868 – 1940)

Die Kommunisten reduzieren ihre Geschichte auf den Stalinismus, schwören weiterhin auf ihren Marx und plädieren für die Abschaffung der Marktwirtschaft. Nach 1956 und 1968 noch über Stalin zu sprechen, war nach Solschenizyn nicht mehr seriös, vielmehr sei zu betonen, es habe nie einen Stalinismus gegeben, denn dieser Begriff mache es leicht, eine grausame Ideologie zu rechtfertigen, indem man Stalin all das aufbürde, woran die Ideologie schuld sei. Alexander Solschenizyn schrieb: „Den unabhängigen Staatsbürger kann es nicht geben ohne Privateigentum. Siebzig Jahre wurde unseren Hirnen eingetrichtert, das Privateigentum zu fürchten und die Lohnarbeit zu scheuen wie der Teufel das Weihwasser; das war der große Sieg der Ideologie über unsere menschliche Grundbeschaffenheit".

In Wirtschaftskrisen, etwa der Finanzkrise, flammt regelmäßig die marxistische Kapitalismuskritik wieder auf, nur bietet Marx selbst, von seinem Kommunistischen Manifest abgesehen, recht vage Vorstellungen von einer anderen besseren Gesellschaft und eine Tatsache sollte zu denken geben: Selbst in den gemäßigten sozialistischen Ländern wurden die Menschen Opfer der Partei, haperte es mit der Realisierung des wahren Sozialismus. Ohne Zweifel fand die Oktober-Revolution zunächst Sympathien, auch bei den Anarchisten, von denen sich viele der Realität einer sich mehr und mehr etablierenden bolsche-wistischen Diktatur verschlossen. Fritz Brupbacher, ein Schweizer Arzt, waren die wirklichen Zustände in der UDSSR nicht unbekannt, aber er verteidigte die Bolschewisten vor den amerikanischen Anarchis-ten Emma Goldman und Alexander Berkmann (1870-1936), weil er glaubte, „dass der Kern der bolschewistischen Partei auf dem richtigen Wege sei", man sie verteidigen müsse, damit diese ihre Aufgabe erfüllt. Wo gehobelt wird, fallen schließlich Späne. Westliche Intellektuelle verhielten sich unkritisch, versagten in ihrem Denken, vollzogen eine peinliche Anpassung, ignorierten die politische Realität des kommu-nistischen Totalitarismus. Es war daher auch nicht verwunderlich, den autoritären marxistischen Sozialismus auf den Stalinismus zu reduzieren, ohne sich die Frage zu stellen, warum dieser im Ostblock dominierte und eine weitgehende unkritische Akzeptanz bei den west-lichen Linken besaß.

Nach einer zweijährigen gemeinsamen Reise durch Russland, zusammen mit Alexander Berkmann, versuchte Emma Goldman ihre Erfahrungen über den „Niedergang der russischen Revolution" zu veröffentlichen, musste aber konstatieren, das war in der sozialistischen Presse nicht so möglich, wie sie sich es vorstellte, weshalb sie ihre Schrift in einer kapitalistischen Zeitung publizierte. Die berühmte amerikanische Anarchistin Emma Goldman hoffte nach ihrer Ausweisung aus den USA in Russland, wenn auch nicht eine neue Heimat zu finden, aber doch eine Revolution zu erleben, die dem Volk mehr Freiheit und Gerechtigkeit bringt.

Die Bolschewisten gelangten durch revolutionäre Parolen an die Macht, wie sie auch von den Sozialrevolutionären und den Anarchisten vertreten wurden, doch die Kommunisten beanspruchten die alleinige Herrschaft und verstanden diese als die Diktatur des Proletariats. Wer hier Kritik übte, wer gar andere Vorstellungen besaß, Ansichten, die nicht mit denen der Partei übereinstimmten, konnte nur ein Verräter sein oder noch schlimmer ein Handlanger des Kapitals. Emma Gold-man besuchte noch den greisen Peter Kropotkin, er lebte isoliert von den Machthabern in einem kleinen Dorf, Dmitrow. Sie befragte ihn, warum er seine Stimme nicht gegen diese falsche Entwicklung erhob.

Er gab dafür zwei Gründe an: Zum einen sei es nicht möglich seiner Meinung freien Ausdruck zu geben und zum andern konnte er es nicht über sich bringen, in einer Zeit, in der Russland von den vereinten Kräften der europäischen Imperialisten überfallen und Frauen und Kinder durch die verbrecherische Blockade in den Tod getrieben werden. Peter Kropotkin gründete noch vor seiner Verbannung durch die Sowjets eine „Föderalistische Liga", deren Chefredakteur er war, versammelte um sich Männer der Wissenschaft. Er unterlag hinsichtlich dem Hunger in der UDSSR einer Fehlinformation. Tatsächlich waren es Lenin und seine Kommunisten, die sich als Elite verstanden und einen gnadenlosen Klassenkampf gegen das russische Volk führten und für den Tod von mehr als 5 Millionen Menschen verantwortlich waren. Die Kulaken, die Bauern, wurden als Klasse ausgelöscht und wenn sie sich der Zwangskollektivierung widersetzten, wurden sie erschossen, Frauen, Kinder und Alte nach Sibirien deportiert.

Emma Goldman war empört, fühlte sich in ihrer Freiheitsliebe verletzt, wollte nur noch so laut sie konnte gegen die sowjetische Autokratie, Verfolgungen, Erschießungen, gegen diese ganze Brutalität protestieren und die Weltöffentlichkeit informieren. Doch mit der Freiheitsliebe war es in der sozialistischen, auch in der anarchistischen Bewegung nicht gut bestellt und Emma Goldman musste die bittere Erfahrung machen, das niemand sie hören, geschweige denn ihr Buch „My two years in Russia" verlegen, veröffentlichen oder bei ihren Vorträgen unterstützen wollte. Um Emma Goldman wurde es einsam. Nur wenige der alten Genossinnen und Genossen verstanden sie. Selbst Bertrand Russel, dem sie das am wenigsten zutraute, lehnte jegliche Hilfe ab, um den Sieg der Oktoberrevolution nicht zu gefährden.

Für die Linken stand fest, Emma Goldman machte gemeinsam Sache mit den Torries gegen die „Republik der Arbeiter". Nur Rudolf Rocker, der sich in seinem Denken immer mehr zum Kritiker des Absolutismus im Sozialismus entwickelte, sowie noch einige wenige Genossinnen und Genossen, darunter Enrico Malatesta und Max Nettlau, standen Emma Goldman zur Seite. Beide vertraten die Auffassung, sie sollte für ihre Überzeugungen eintreten, sich nicht daran hindern lassen, die Wahrheit über die sowjetische Diktatur zu verbreiten, ihre Erfahrungen und Erlebnisse im Arbeiterparadies publik machen. Das war leichter gesagt als getan. Ihre Artikel „My Disillusionment in Russia" publizierte sie in der New York „World", weil sich weder eine sozialistische noch eine anarchistische Zeitschrift fand, ihren Erfahrungsbericht der Öffentlichkeit zugänglich zu machen. Unterstellt wurde ihr, sie hätte für ihren Verrat am Sozialismus dreißigtausend Dollar kassiert, aber sie erhielt nur ein Honorar von 2.100 Dollar, keinen Cent mehr. Immerhin erschien ihre Schrift „Die Ursachen des Niedergangs der russischen Revolution" im Verlag „Der Syndikalist", Berlin, 1922, in deutscher Sprache. Rudolf Rocker konstatierte in seiner Einleitung: Dass Emma Goldman den Inhalt dieser Schrift zuerst in einer kapitalistischen Zeitung veröffentlichte, nachdem die sogenannte radikale Presse die Aufnahme verweigerte, war für die ganzen und halben Verteidiger der famosen Diktatur des Proletariats Grund genug, sie mit der ganzen trüben Flut ihrer ohnmächtigen Verwünschungen und persönlichen Verunglimpfungen zu überschütten. Emma Goldman sagte ihren Kritikern, auch den anarchistischen Sektierern, es kommt nicht darauf an, wo man veröffentlicht, sondern was man publiziert.

Emma Goldmann blieb in ihrem Leben eine aktive Anarchistin, hielt Vorträge, propagierte ihre Anschauungen, besaß aber hinsichtlich der Realisierung des Anarchismus, so wie sie diesen verstand, kaum noch Illusionen: „Unser Problem besteht darin, dass eine Bewegung nicht existiert, auch nur wenige Genossen diese Situation durchschauen. Das macht unsere Arbeit so unbedeutend und allen Anschein nach nutzlos".

Im Jahre 1936 nahm sich der Anarchist Alexander Berkmann das Leben. Sicherlich litt er unter seiner Krankheit, einem Prostataleiden. Doch diese wurde verstärkt durch Depressionen, ausgelöst durch die bittere Erfahrung, dass sich seine Hoffnungen nicht erfüllten, seine Idealisierung der Masse sich als Trugschluss erwies, wohl ein Umlernprozess nötig sei, wozu er, Alexander Berkmann, nicht mehr die Kraft besaß. Kritische Intellektuelle wurden von den Kommunisten nie geduldet und in ihrem politischem Herrschaftsbereich, der bis zum Jahre 1989 halb Europa erfasste, Polen, Jugoslawien, Rumänien, Bulgarien, Ungarn, auch die baltischen Staaten Estland, Lettland,

Litauen, heute noch Nordkorea, Kuba, mussten Intellektuelle, die abweichende Meinungen riskierten, sich selbst als Klassenfeinde outen. Und wenn sie trotz Schuldbekenntnis als unbelehrbare Individuen galten, wurden sie öffentlich gebrandmarkt oder landeten in einem Arbeitslager. Es gab kommunistische und sozialistische Genossen, die selbst als Gefangene ihrer kommunistischen Überzeugung treu blieben, sich selbst einredeten, als wirkliche proletarische Kämpfer versagt zu haben, eine Strafe verdient zu haben.

Die Überzeugung, der Marxismus-Leninismus sei ein Königsweg zur wahrhaft gerechten Gesellschaft, Kapitalismus hingegen per se verwerflich, fand auch in den westlichen Staaten eine weite Verbreitung. Der Kommunismus kostete über 100 Millionen Menschen das Leben, aber das hinderte die Co-Vorsitzende Gesine Lötzsch von DIE LINKE nicht daran, zu sinnieren: „Egal welcher Weg zum Kommunismus führt, alle sind sich einig dass es ein sehr langer und steiniger sein wird." Da mögen sich Linke aus strategischen Gründen distanzieren, man möchte ja gewählt werden, aber die zitierte Aussage ist ein Beitrag zur Demaskierung: Verstaatlichung der Wirtschaft und Gesellschaft, Entmündigung der Menschen, bleibt das Grundanliegen dieser Sozialisten. So finden wir selbst im 21. Jahrhundert in den Medien ein Netzwerk von Sympathisanten aus Journalisten, Moderatoren, Regisseure, Schauspieler usw., deren Herz links schlägt. Dabei spielt die Koketterie eine Rolle, nicht der Intellekt. Den Anfängen zu wehren, allen autoritären Bestrebungen Paroli zu bieten, Freiheit und Selbstbestimmung, bleibt das Anliegen der Libertären. Auch im Sinne von Emma Goldman.

George Orwell (1903 – 1950)

Intellektuelle Redlichkeit zeichnete den Schriftsteller George Orwell aus. Ihm blieb die Erfahrung nicht erspart, wer Ideen und Taten der Kommunisten kritisiert, libertäre Positionen vertritt, der handelt sich nicht nur Ärger, sondern auch Isolierung, nicht selten den Tod ein.

George Orwell hatte mit den kommunistischen Parteien sympathisiert, nahm wohl auch zunächst unkritisch die These hin, eine Einheitsfront gegen Franco dürfte auch durch unterschiedliche Meinungen wie die sozialen und politischen Probleme nach dem Kriege zu lösen seien, nicht geschwächt werden, aber er musste erkennen, die Kommunisten duldeten nur eine Richtung, nämlich ihre eigene und wer sich dem widersetzte, wurde ausgeschaltet, liquidiert. „Die Kommunisten kämpften nicht dafür, die spanische Revolution auf einen späteren geeigneten Zeitpunkt zu verschieben, sondern dafür, dass sie niemals stattfinde." Sowohl die P.O.U.M als auch die Anarchisten wurden mit den übelsten Methoden unterdrückt und ergebene Kämpfer für die spanische Freiheit, die ihr Leben für das große Ziel einsetzten, wurden unter den schlimmsten Bedingen eingekerkert, oft ohne jeden Kontakt zur Umwelt und von sehr vielen hörte man nie wieder etwas. George Orwell gelang es, sich zu verbergen und er konnte mit Hilfe des britischen Konsuls nach Frankreich fliehen. Der kommunistische Terror wurde verschwiegen und auch die linken Intellektuellen fühlten sich diesem Schweigen verpflichtet und dieses auch nach dem spanischen Bürgerkrieg 1936-1939.

George Orwell wollte die Wahrheit erzählen und schrieb sein Buch „Mein Katalonien", um die Öffentlichkeit über den verschwiegenen Terror im spanischen Bürgerkrieg zu informieren. Es war schon schwierig einen Verleger für dieses Buch zu finden, noch schwerer wurde es mit der öffentlichen Akzeptanz. Es bestand kein Interesse an der Wahrheit. Orwells Buch verkaufte sich schlecht in England, es musste verramscht werden und auch in den USA gab es keine Veröffentlichung. Jenen Menschen, denen sein Buch eigentlich am meisten etwas sagen sollte, reagierten gar nicht. Mit seinem Büchern „Farm der Tiere" (Animal Farm: A Fairy Story) und mit seinem bekanntesten „1984" wurde Orwell berühmt. Doch gegenüber den kommunistischen Diktaturen blieben die Linksintellektuellen stumm und auch die DDR verstanden sie als das bessere Deutschland, die Mauer als einen Friedenswall und sie schwiegen auch zu den Todesurteilen der Ministerin für Justiz Hildegard Benjamin. Kritik am Kommunismus wurde eher als verwerflich, als Parteinahme für die westlichen Industriestaaten verstanden.

Auch Orwells Buch „Farm der Tiere" wurde von den britischen Verlegern abgelehnt, Kritik am Kommunismus war nicht opportun. Dass Orwell sich gegen jeden Totalitarismus wandte, auch mit seinem Buch 1984, wurde verkannt. Moniert wurde, er habe 38 Schriftsteller und Künstler, die aus seiner Sicht mit dem Kommunismus sympathisierten, beim Britischen Außenministerium denunziert, zur Bekämpfung der kommunistischen Tendenzen. Die Rechte an seiner Politik-Fabel „Farm der Tiere" über den traurigen Verlauf der russischen Revolution wurden nach seinem Tod 1950 von der CIA gekauft, wohl wissend wie sich dieser Stoff im Kalten Krieg verwenden und vermarkten ließ. Das Buch wurde verfilmt und einige Film-historiker sind der Meinung, ohne den amerikanischen Geheimdienst hätte es diesen Film „Aufstand der Tiere", entstanden in London zwischen 1951 und 1954, niemals gegeben. Diesem Werk tut das keinen Abbruch, es ist und wird aktuell bleiben, solange es Machthaber gibt, die sich in ihrem Wohnsitz bequem einrichten und Menschen tyrannisieren, leiden und sterben lassen.

George Orwell war ein Intellektueller, der sich das bewahrte, was wir bei den meisten Intellektuellen so sehr vermissen: Redlichkeit. Orwell starb 1950 an Tuberkulose.

Margarete Buber-Neumann (1901 – 1989)

Manche Zeitzeugen sind heute vergessen. Erinnert sei an eine Frau, die immer eine aufrechte Haltung bewahrte, sich nie zerbrechen ließ, der kommunistischen Diktatur die Stirn bot. Margarete Buber-Neumann war das, was man eine gläubige Kommunistin nannte, eine Idealistin, die davon überzeugt war, dass der Kommunismus das einzige Ideal war, wofür es sich lohnte zu kämpfen und zu sterben. Sie war mit dem prominenten Kommunisten Heinz Neumann verheiratet, gemeinsam kam das Ehepaar 1930 nach Moskau und 1937 wurde Heinz Neumann verhaftet, zum Tode verurteilt und hingerichtet. Heinz Neumann war Mitglied des Politbüros, Reichstagsabgeordneter und wurde schon 1932 wegen politischer Abweichungen aus der Führung der kommunistischen Partei entfernt, 1932 nach Spanien als Instrukteur strafversetzt und Ende 1933 war er als Übersetzer in der Schweiz tätig. Von 1935 bis 1937 lebte das Ehepaar Buber-Neumann gemeinsam als Übersetzer in Moskau. Beargwöhnt von der NKWD (russische Staatspolizei) lebten sie das Leben von politisch bereits Geächteten. Nach der Verhaftung ihres Mannes wurde Margarete Buber-Neumann zu 10 Jahren Haft verurteilt und 1940 an Deutschland ausgeliefert. Im KZ Ravensbrück verbrachte sie fast fünf Jahre, bis sie am 21. April 1945 das KZ verlassen konnte.

In einem Vorwort zu ihrem Buch „Als Gefangene bei Stalin und Hitler" beschrieb sie, dass sie eine gläubige Kommunistin war, und es bedurfte Jahre der bittersten Erfahrung, einen langen qualvollen Prozess, um das Gebäude der kommunistischen Weltanschauung zu erschüttern. Die Selbstsicherheit der Kommunisten, der orthodoxen Marxisten, war und ist ja immer noch groß und selbst wenn Kommunisten verfolgt, verurteilt wurden, sich in einem Arbeitslager wieder fanden, stellten sie nicht ihre Ideologie infrage, sondern häufig ihr eigenes Handeln, litten gar unter Selbstzweifeln, selbst unentschuldbare Fehler begangen zu haben. Kritische Stimmen, Warnungen vor der allmächtigen Diktatur, fanden bei den gläubigen Kommunisten keine Wahrnehmung.

Margarete Buber-Neumann konnte während ihrer Zeit in den Arbeitslagern der UDSSR, ihrem Aufenthalt im KZ Ravensbrück keine Aufzeichnungen machen. Ihr Buch beruht auf Erinnerungen. und da sind Begegnungen mit den Opfern der NKWD besonders eindrucksvoll beschrieben. So lernte sie die ebenfalls verhaftete Zensl Mühsam, Frau des von den Nazis ermordeten Schriftstellers und Anarchisten Erich Mühsam, kennen und wurde mit dem Schicksal einer Frau vertraut, deren Lebensweg nach Russland führte, was aber eigentlich so weder gedacht noch geplant war. Nach der Überzeugung von Rudolf Rocker wollte Zensl Mühsam nicht in die UDSSR, als sie noch in Prag lebte, auf der Flucht vor den Nazis. Auch ihren Briefen war nicht zu entnehmen, dass sie die Absicht hatte, den Angeboten der Kommunisten zu folgen. Rudolf Rocker, Augustin Souchy und andere Anarchisten, die sehr wohl wussten, dass in Russland die Freiheit beerdigt wird und die mit der Gefährlichkeit der marxistischen Ideologie vertraut waren, kamen gar nicht auf die Idee, vor den Nazis in Richtung Osten zu fliehen, da ihnen völlig klar war, dann vom Regen in die Traufe zu kommen. Das hatte Rudolf Rocker auch der Frau seines langjährigen Freundes Erich Mühsam, der von den Nazis 1934 im Konzentrationslager ermordet wurde, vermittelt und gehofft, sie würde jede nur denkbare Möglichkeit wahrnehmen, um in den Westen zu fliehen.

Margarete Buber-Neumann zufolge hatte es sich Zensl Mühsam zur Pflicht gemacht, dem Ausland die Wahrheit über den Nationalismus zu sagen, aber das Werk ihres Mannes, den Nachlass, übergab sie zur Betreuung dem Maxim Gorki Institut für internationale Literatur. In Prag kam sie in Verbindung mit der kommunistischen Roten Hilfe, und hier verstand es die Leiterin der Internationalen Roten Hilfe in Moskau, Stawosso, Zensl Mühsam für sich einzunehmen. Dazu gehörte sicher auch, sie mit der Alternative zu beeindrucken, ihr bei ihren Publikationen behilflich zu sein. Es was ganz offensichtlich, Zensl Mühsam war zu vertrauensselig, um zu erkennen in welcher Räuberhöhle sie sich befand.

Nach Margarete Buber-Neumann führten kritische Äußerungen zu ihrer ersten Verhaftung, aber nach einigen Monaten, die Nachricht von

ihrer Verhaftung war bis ins Ausland gedrungen, kam es zu entschie-
denen Protesten von ihren Gesinnungsfreunden. Nur wenig später
wurde sie erneut verhaftet und zu acht Jahren Besserungsarbeiterlager
verurteilt. Zensl Mühsam war ein wahrheitsliebender, kämpferischer
Mensch, der, wie Margarete Buber-Neumann schrieb, sich nicht
verbiegen ließ, trotz Zugehörigkeit zur kommunistischen Partei. Nach
ihrer ersten Verhaftung hatte sie sich um ein russisches Ausreisevisum
bemüht, wollte zu ihrer Schwester in die USA, aber daraus wurde
nichts und sie musste ihr Leben bis 1955 in sowjetischen Arbeitslagern
verbringen, bis sie 1955 in die DDR reisen konnte. Dort verstarb sie
1962 in Ost-Berlin.

Freiheit blieb für sie ein Traum, und sie wagte diesen Traum nicht
mehr zu träumen, geschweige zu leben. Margarete Buber-Neumann
wirkte noch als Publizistin, schrieb auch noch ein Buch über die inhaf-
tierte Journalistin Milena Jesenská. Ihr Buch „Als Gefangene bei Stalin
und Hitler" ist ein bleibendes historisches Dokument der Tyrannei und
Menschenverachtung des Kommunismus und des Nationalsozialismus.
Intellektuelle verstehen sich mitunter als das moralische Gewissen einer
Nation, aber wenn wir einen Blick auf zahlreiche angesehene Schriftsteller und Autoren werfen, ist es schon höchst erstaunlich, wie sie sich
bedenkenlos anpassen, den jeweils Herrschenden ihre Dienste anbieten.
Es gibt in der Welt nicht einen einzigen Diktator, der sich nicht rühmen
konnte, von den Intellektuellen beweihräuchert und angehimmelt zu
werden. Johannes R. Becher (1891-1958), der sich als Dichter einen
Namen machte und in der DDR als Kultusminister wirkte, verherrlichte
den Massenmörder Stalin: „Wenn sich vor Freude rot die Wangen
färben, dankt man dir, Stalin, und sagt nichts als: Du! Ein Armer
flüstert „Stalin" noch im Sterben und Stalins Hand drückt ihm die
Augen zu." Bertold Brecht (1898-1956), ein Dichter, der durchaus
seine Verdienste besitzt, verhielt sich genauso unverantwortlich wie
andere „Kollegen" und wünschte dem Diktator: „Ruhe in Frieden,
Josef Stalin." und „Wir Kunstschaffenden Deutschlands geloben, in
unserer Arbeit die Lehren Stalins zu verwirklichen und ihm, dem
Genius des Friedens, die Treue zu halten."

Anna Seghers (1890 – 1983)

Anna Seghers besaß als Schriftstellerin einen Namen, war eine talentierte Erzählerin und mit ihrem 1942 erschienen Roman „Das siebte Kreuz" wurde sie weltberühmt. Immerhin wurde ihr auf Vorschlag von Hans Henny Jahnn für ihren Erstling „Aufstand der Fischer von St. Barbara" der Kleist-Preis verliehen. Sie besuchte 1930 die Sowjetunion, wurde nach der Machtübernahme der National-sozialisten kurzzeitig von der Gestapo verhaftet, konnte danach in die Schweiz fliehen, gelangte über Marseille nach New York, wanderte nach Mexiko Stadt aus und gründete einen sogenannten anti-faschistischen Heinrich Heine Club, dessen Präsidentin sie wurde. Ihre antifaschistische Position war jedoch mehr als fragwürdig, besaß sie doch kein freiheitliches Bewusstsein und wie sich in ihrem weiteren Lebenslauf zeigte, war sie nicht nur eine angepasste Autorin, sie blieb und war eine Protagonistin für eine menschenverachtende Ideologie: eine von vielen Intellektuellen, die niemals ihren Verstand nutzten, um sich selbst einmal kritische Fragen zu stellen.

Anna Seghers lebte mit ihrem Mann ab 1947 in Ost-Berlin, wurde Mitglied der SED (Sozialistische Einheitspartei Deutschlands) und Mitglied des Weltfriedensrates sowie Gründungsmitglied an der Deutschen Akademie der Künste. Sie lernte auf einer Reise China kennen und amtierte als Präsidentin des Schriftstellerverbandes der DDR. Davon, dass Walter Janka, dem Leiter des Aufbau-Verlages, immerhin Verleger ihrer Bücher, 1957 ein Prozess wegen einer angeb-lichen konterrevolutionären Verschwörung gemacht wurde, davon nahm sie keine Notiz. Auch als der Dramatiker Heiner Müller 1961 aus dem Schriftstellerverband ausgeschlossen wurde, protestierte sie nicht. Als in den Jahren 1975-1979 weitere kritische Autoren ausgeschlossen wurden, nahm sie den Kulturpreis des Weltfriedensrates entgegen. Dass sie auch noch die Ehrenbürgerschaft von Ost-Berlin erhielt, dürfte ver-ständlich sein, viel weniger aber die Tatsache, dass ihr auch noch die Ehrenbürgerwürde ihrer Geburtstadt Mainz verliehen wurde. Die Frage, ob sie ihren Machthabern, denen sie viele Ehrungen verdankte, geglaubt hat, lässt sich nicht stellen: Sie war vom Segen des Sozialismus bis zu ihrem Tod überzeugt. Zum Tode des Genossen Stalin schrieb sie: „Als Stalins Herz zu schlagen aufhörte, fühlten sich Millionen Menschen verwaist". 80 Prozent der russischen Bevölkerung halten noch heute Stalin, der doch den Vaterländischen Krieg gewann, für einen Ehrenmann. Nach einem Staatsakt der Akademie der Künste fand Anna Seghers auf dem Dorotheenstädtischen Friedhof in Berlin ihre Ruhestätte.

Susanne Leonhard (1895 – 1984)

Ein besonders kenntnisreiches, auf eigene Erfahrungen beruhendes Buch über die Arbeitslager in der früheren UDSSR stammt von Susanne Leonhard (1885-1984): „Verlorenes Leben". Sie war die Mutter von Wolfgang Leonhard, der mit seinem Buch „Die Revolution entlässt ihre Kinder" einen Erfolg erzielte, den das Buch seiner Mutter noch viel mehr verdient hätte. Auch Susanne Leonhardt blieb gläubige Kommunistin, glaubte an einen Sozialismus in Freiheit, beschrieb aber die Realität der kommunistischen Diktatur so eindringlich, so hautnah und mit Fakten belegt, was dazu führte, dass ihr Buch in der linken Szene mit Schweigen quittiert und daher nicht die verdiente Akzeptanz fand. Dabei hatte sie ihr Buch geschrieben, gerade weil sie eine über-zeugte revolutionäre Sozialistin blieb, im Kommunismus die Erlösung der Menschheit aus der „Sklaverei" sah und in der Überzeugung, dass der Kommunismus von denen diskreditiert wurde, die sich fälsch-licherweise als Kommunisten verstanden. Dass es sich nicht um den wahren Kommunismus handelte, gehörte zum Vokabular von Linken, die den Totalitarismus auf den Stalinismus reduzierten. Dabei blieb es völlig unverständlich, wieso kommunistische Parteien und Gewerk-schaften, namhafte Intellektuelle und Politiker Opfer von einem „falschen Kommunismus" werden konnten, obwohl ihnen der wahre Kommunismus in Theorie und Praxis kein Buch mit sieben Rätseln sein konnte.

Nach 1945 bekam ich von vielen Nationalsozialisten zu hören, mit den Juden, nun ja, das war falsch, aber sonst hätte Deutschland dem Führer doch auch vieles zu verdanken und nach 1989 erzählten mir Kommunisten, von denen heute viele in „DIE LINKE" ihre neue politische Heimat finden, es sei zwar vieles zu beanstanden gewesen, an der Mangelwirtschaft, dem Wirken der Staatssicherheit, aber sonst habe die DDR auch ihre Vorzüge besessen.

Panait Istrati (1884-1935), ein leidenschaftlicher Kommunist, bereiste die UDSSR, fand seine Träume und Hoffnungen nicht bestätigt, schrieb sein Buch „Auf falscher Spur" und schickte sein Manuskript an Romain Rolland (1855-1944). Dieser war alles andere als begeistert und stattdessen der Überzeugung, Istrati sollte mit seinem Buch nicht den Glauben an die Weltrevolution erschüttern. Dabei glaubte dieser noch an den Sieg des Kommunismus, wurde doch der Kommunismus nur von den falschen Leuten pervertiert, war das wahre Paradies nur eine Frage der Wandlung und Zeit. Die Linken, so schien es, hielten es mit Lichtenberg, weil, so schloss er messerscharf, nicht sein kann, was nicht darf. Als André Gide aus der Sowjetunion zurückkehrte und sein Russlandbuch publizierte, war es wohl verständlich, dass die „Prawda" über den Verräter nicht erfreut war. Aber eine gewisse Öffentlichkeit blieb auch in Frankreich reserviert, nahm lediglich zur Kenntnis, dass es nach Gide darauf ankam, Dinge so zu sehen, wie sie sind, nicht was zu sein sie versprochen hatten. André Gide wurde bei seiner Russlandreise 1938, zur Zeit der großen Säuberungen, von den kommunistischen Machthabern hofiert, „chloroformiert" und schrieb zunächst begeistert: „Ich bin noch nie in meinem Leben so luxuriös gereist. Immer das beste Abteil im Zug, das beste Zimmer im Hotel, das beste Essen, das man sich nur denken kann, Und was für ein Empfang! Was für eine Aufmerksamkeit! Alles applaudierte, feierte...."

Um die Wahrheit waren besonders die westlichen Literaten nicht sonderlich bemüht, was insbesondere den französischen Dramatiker und Schriftsteller Eugène Ionesco empörte: „Denn alle, auch die moralischen Idioten, auch die Zyniker, die Tollwütigen, die vom Teufel Besessenen und die Betroffenen, wissen ja längst, was im Osten geschieht. Sie kennen die Wahrheit – aber sie pfeifen auf sie, sie ist ihnen piepegal". Nach Ionesco wurden zwar einige Intellektuelle im Westen von Pasternak, Daniel, Mandelstam, Sinjawaski und Solschenizyn beeindruckt, was aber nichts daran änderte, dass sich diese zarten westlichen Intellektuellen in einer angenehmen Opposition befanden, allein der Karriere verpflichtet, sie es gar fertig brachten, Besuchern aus dem Osten zu erklären, wenn sich diese über den Hunger, die Unfreiheit in ihren Ländern beklagten, handle es sich bei ihnen um „bürgerliche Einwände". Die hohe Kunst der Totschlagkeulen wurde dann auch tatsächlich immer mehr von den Linken genutzt und praktiziert. Eben, „kleinbürgerliche Ideologie", gegenwärtig Faschismus, Rassismus, politisch missbraucht als Leerformeln zum Zwecke der Denunziation. Als Eugène Ionesco in einer Rede zum 50. Jahrestag der Oktoberrevolution beschrieb, dass die Revolution von 1917 ein Fiasko war, das nur zu Verbrechen und Massaker führte, empfing er hunderte von Schmähbriefen aus der Feder von zarten Literaten, denen die Wahrheit gleichgültig war.

Gustav Regler (1898 – 1963)

Distanziert vom Kommunismus hatte sich Gustav Regler in seiner Autobiografie „Ohr des Malchus". Darin beschreibt er seinen Lebensweg bis hin zum Ende des Krieges 1945 und seine Begegnungen mit Menschen, die als Intellektuelle und Künstler dem Kommunismus huldigten, ohne jede kritische Anwandlung, ganz einfach als gläubige Parteigänger. Wer nicht mitspielte, dessen Leben war bedroht, gefährdet. Für Gustav Regler bedeutete das ein Leben auf der Flucht, ständige Angst vor den Häschern, von denen nicht zu erwarten war, dass sie irgendwelche Skrupel besaßen. Regler beschrieb die Anpassung der Intellektuellen, ihre Unterwerfung, selbst Maxim Gorki wagte keinen Protest und auf einem der letzten großen Schriftstellerkongresse in Moskau 1936 riskierte es nur ein einziger aus der Reihe zu tanzen und das war der Schriftsteller Oskar Maria Graf (1894-1967), ein Rebell aus München, ein Anarchist, der in den USA seine Heimat gefunden hatte.

Warum verhielten sich insbesondere linke Intellektuelle unkritisch, verhindern sie jeden Dialog? Sie waren einer Weltanschauung verhaftet, von der sie sich weiter ein Paradies versprechen. Nur nach dem Scheitern von Kommunismus und Sozialismus fehlt ihnen offensichtlich eine glaubwürdige Alternative zum verhassten Kapitalismus. Dass aber der Kommunismus marxistischer Prägung zur Diktatur führt, Marx und Engels ihre Kritiker hatten, als der Kommunismus noch nicht politische Realität war, blieb den „zarten Literaten" unbekannt, aber es bleibt ein Verdienst von Michael Bakunin, Pierre Proudhon, Gustav Landauer, John Henry Mackay, B. R. Tucker u.a., dass sie der Idee der „proletarischen Diktatur" Paroli boten und sich der autoritären Ideologie widersetzten.

Uns blieben weder Kommunismus noch Faschismus erspart und ob man es wahrhaben will oder nicht, demokratische Gesellschaften mit einer partiellen Marktwirtschaft erwiesen sich als effizienter und erfolgreicher, auch wenn wir von einer mündigen Gesellschaft, einer Gesellschaft von autonomen Individuen, Menschen, die sich selbst gehören, nicht dem Staat, fraglos noch entfernt sind.

Warum waren die Libertären oder auch die Freiwirtschaftler nicht erfolgreicher? Dass die Protagonisten, Anhänger der individuellen, wirtschaftlichen und politischen Freiheit, insbesondere den Hass der Linken und Rechten erfuhren, lag offenbar daran: Die staatlichen Parteien dieser Ideologen denunzierten Freiheit als unsozial und verwerflich. Als George Bernard Shaw 1930 nach Russland reiste, warf er seine mitgebrachten Lebensmittel aus dem Fenster seines Zuges. Wer braucht ins Paradies noch Brot und Butter mitbringen? Als ich 1990 auf einer Veranstaltung in Salzgitter einigen Intellektuellen aus der DDR die Frage stellte, wieso – abgesehen von der Herrschaft der Staatssicherheit – in ihrem Lande Mangelwirtschaft dominierte, niedrige Produktivität, hohe verdeckte Arbeitslosigkeit, es aber keine ausbeutenden Unternehmer gab, keine geschäftstüchtigen Banken, der Staat alles unter seiner volkseigenen Kontrolle hatte, ihr Sozialismus offenbar auf der ganzen Linie versagte, erntete ich nur Schweigen, das nur unterbrochen wurde von einem Genossen der PDS, der geräuschvoll seinen Kugelschreiber zerbiss. Was bleibt ist die Frage nach den Alternativen, den libertären Perspektiven. Selbst suchte ich mir immer wieder die Frage zu stellen, musste aber die Erfahrung machen, freies Denken fällt selbst jenen Menschen schwer, die sich für anarchistisch, libertär, liberal halten, sobald sie Kratzer an einem liebgewordenen Weltbild befürchten und sie sich berufen fühlen, Irrtümer nicht einzusehen, sie vielmehr zu verteidigen.

Hermann Albert Prüss (1882 – 1977)

In meinem Buch "Gesammelte Schriften" schrieb ich: "Meine erste politische Bekanntschaft hatte ich schon im Krieg, das war die Begegnung mit Hermann Prüss, für mich ein Zeitgenosse, der mir beschrieb, wie die Weimarer Republik scheiterte, ein Hitler an die Macht gelangte, uns der zweite Weltkrieg nicht erspart blieb...."

Nun war Hermann Albert Prüss ein ungewöhnlicher Mensch, ein Original, ein Mensch der es verstand sein Leben zu leben, und ganz sicher war er ein Anarchist, der auch als Anarchist lebte. Kürzlich besuchte mich Enno Podehl, ein ehemaliger Prof. für Kunst und Theater, der 1967 ein Jahr lang als Student bei Hermann Albert Prüss lebte, ihn nie vergessen konnte und sogar "Hermann - eine deutsche Biographie" für ein Figurentheater schrieb, um an ihn zu erinnern. Immer wieder sprach er in seiner Familie von Hermann Albert Prüss, der einen Widerhaken in seinem Kopf hinterließ, aber er glaubte nicht mehr daran, noch Spuren von Hermann zu finden. Eine Freundin suchte im Internet, stieß auf mein Buch, und es erwies sich als sehr erfreulich, dass ich mich an Hermann erinnerte, auch ein Foto von ihm in mein Buch stellte. In unserem Gespräch über Hermann konnte ich die Fragen von Enno Podehl bestätigen, erinnerten wir uns gemeinsam an einen Menschen, der uns in unserem Denken und Fühlen für immer gegenwärtig blieb. Öfter, wenn ich mit meinen Bruder Adolf telefoniere, fällt auch der Satz: das hat schon der alte Prüss gesagt!

Im Winter 1945, es muss im Februar gewesen sein, befand ich mich in einem Schulungslager, Estorfkaserne, Tondorf. Dort hatte ich zum ersten und auch zum letzten Mal ein richtiges Gewehr in der Hand. Aber wir mussten uns auch nützlich machen, entsprechend dem Motto "Lumpen, Knochen, Eisen und Papier" unterstützten wir das Winterhilfswerk bei einer Sammlung in der näheren Umgebung. Etwas Propaganda musste auch noch sein, so verteilten wir auch noch Zeitungen, und mit einem Klassenkameraden kam ich auch auf das Grundstück von Hermann Albert Prüss. Zu geben hatte er nichts, wollte aber von uns wissen, ob wir uns in der Kaserne wohl fühlten, was nicht mehr der Fall war. So meinte er, es ist bald vorbei: "Es geht abwärts mit Eurem Verein". So war es ja auch, und nach der Kapitulation besuchte ich Hermann öfter. Er vermittelte mir seine Anschauungen, ohne aber jemals als Missionar aufzutreten. Schon sein Haus war ungewöhnlich, gebaut im Stil russischer Architektur, mit einem runden Dach, einer Einrichtung, die an Russland erinnerte und in Russland, Odessa hatte er 11 Jahres seines Lebens verbracht. Es kam der erste Weltkrieg, Hermann wurde 1914 interniert und mit Hilfe des Roten Kreuzes kam er nach Deutschland zurück. Seine Mutter vererbte ihm ein kleines Vermögen und Hermann, der schon mit dem staatlichen Geldwesen vertraut war, die Schriften von Silvio Gesell kannte, kaufte unverzüglich ein größeres Grundstück, um darauf sein Haus in Erinnerung an seine Zeit in Russland zu bauen. Er hatte Schlosser- und Maschinenbauer gelernt, war in Russland als Chauffeur tätig, machte sich nach seiner Heimkehr aus Russland als Ofenbauer selbständig. Wann er arbeitete, wie er seine Kundentermine wahrnahm, das war von seinen vielfältigen Tätigkeiten abhängig. Er war also in der Lage, seine Arbeitszeiten selbst zu bestimmen. Mitglied bei einer Krankenkasse war er nicht, denn er war sein eigener Arzt, wusste nach seinen Worten selbst, was seinem Körper gut tat oder nicht. Seine Lebenseinstellung beruhte auf drei Säulen, die er mir wie folgt beschrieb. Um zu leben, muss der Mensch Nahrung zu sich nehmen und er besitzt die Freiheit selbst zu bestimmen, wie er sich ernährt, was er isst oder nicht essen wird. Es gab ja in den letzten Jahrzehnten eine Flut von Ernährungs-büchern, aber in den Ratschlägen von Hermann war schon alles berück-sichtigt, was zu beachten war. Viel Obst, Gemüse, wenig oder kein Fleisch. Bei der Flüssigkeitsaufnahme Melonen nutzen, Nüsse können den Genuss von Fleisch ersetzen. Selbst hatte er ein Schild in seinem Garten aufgestellt: Hermann Prüss, ungespritztes Obst. Ofenaufsteller. In seinem Garten besaß er Obstbäume, Sträucher, Gemüsebeete, konnte sich also selbst versorgen. Seine Ernten waren ergiebig, weshalb er sein "ungespritztes Obst" auch zum Kauf oder Selbstpflücken anbot. Gesunde Ernährung, das war seine erste Regel, die nächste Bewegung. Selbst gehörte er einem Turn- und Wanderverein an. Mit 92 Jahren besuchte er uns in unserer neuen Wohnung und konnte noch einen Kopfstand machen! In der Nähe seiner Wohnung gab es ein Freibad,

Ostende, einen Natursee, den nutzte er regelmäßig zum Schwimmen. Auch war er ein Saunagänger, ein Anhänger der Freikörperkultur. Da er mit dem Lebensreformer Werner Zimmermann befreundet war, dürfte er auch viele Anregungen von seinem Freund Werner verinnerlicht haben.

Nun war Hermann Albert Prüss ein sehr weiser Mensch, strahlte immer eine gewisse Güte und Ruhe aus. Depressionen und alles was wir heute an gestandener Weinerlichkeit erleben, wegen der schlechten Zeiten, war Hermann fremd. Er bewahrte sich die Freude an den kleinen Dingen, an den Blumen in seinem Garten, an der frischen Waldluft bei seinen Wanderungen, und was ja das Schönste war, vieles, was uns tägliche Freude bereiten kann, gibt es umsonst. Hermann machte auch in der Frühe Wanderungen auf dem Hamburger Friedhof Ohlsdorf, nur um die Vögel mit ihren Gesängen zu hören. Dass er hier die Unterschiede kannte, verschiedene Vögel beim Namen nennen konnte, versteht sich von selbst. Ein Mensch, so dachte er, kann nur dann zufrieden, glücklich sein, wenn er in Frieden mit sich selbst lebt. Und das war der wesentliche Punkt, Hermann Albert Prüss lebte sein Leben, es wurde nicht gelebt, wie das bei den meisten Menschen der Fall ist. Er verstand es so zu leben, als würden wir schon in einer freien Gesellschaft leben. Wohl machte er mich auf Veranstaltungen aufmerksam, Vorträge mit Werner Zimmerman, Kurse mit dem Geldreformer, aber er selbst vergeudete keine Zeit, um sich für Menschen aufzuopfern, die von einer freien und sozialen Gesellschaft noch nichts wissen wollten. Auch meine späteren Aktivitäten sah er kritisch! Seine Mahnung, immer daran denken, du hast nur ein Leben, und dieses Leben so glücklich und sinnvoll zu leben, wie nur irgend möglich, sollte stets dein Denken und Handeln bestimmen. Oft sagte er: Schönheit ist Freude, zieht Himmel an, kann uns mit dem Leben versöhnen!

Keineswegs war Hermann ein Dogmatiker, er hatte seine Prinzipien, war aber kein Prinzipienreiter. Wenn er uns besuchte, meine Mutter, hier durchaus noch rückständig, mit Wurst und Schinken belegte Brotscheiben anbot, aß er auch einmal ein Wurstbrot und pflegte dann zu sagen: Ich lebe so gesund, da kann ich auch einmal sündigen. Ein Rentner wurde er nie, erhielt auch keine Rente, aber er verkaufte sein

Grundstück und sein Haus gegen eine lebenslange Leibrente. Käufer war, soweit ich mich erinnere, der Besitzer von einem Reformgeschäft, der wohl davon ausging, so um die 80 dürfte der Sensenmann auch bei Hermann vor der Tür stehen, aber das war ja nicht der Fall, Hermann wurde ja 95 Jahre alt, und so musste die Leibrente von den Nachfolgern weiter gezahlt werden. Einen Fernseher besaß er nicht, auch kein Telefon, doch ganz abgeneigt war er dem technischen Fortschritt nicht, so ging er auch mal ins Kino, und den Film "Doktor Schiwago" sah er dreimal, wegen den Eisblumen, die ihn immer wieder an seine Zeit in Russland erinnerten.

Als Hermann schon 85 Jahre alt war, hatte er in seinem Haus einen Brand. Ein oberes Stockwerk wurde zerstört, musste saniert werden, aber ein Mitarbeiter der Versicherung meinte, in diesem Alter lohne sich doch eine Sanierung nicht mehr. Hermann, der wohl mit einem Blick sah, der Versicherungsmensch sah nicht nach einem langen Leben aus, erwiderte kurz und bündig, eher sterben Sie vor mir, also sanieren wir mal mein Haus. Hermann sollte recht behalten, der Herr der Versicherung hatte nur noch 2 Jahre vor sich, verschied dann mit einem Herzinfarkt.

Spezialisiert hatte sich Hermann in jener Zeit auf Kachelöfen, die damals in Mode waren, und 1962, er war schon 80 Jahre alt, vermittelte ich Hermann einen Auftrag bei meiner damaligen Freundin Christel. Diese wünschte sich einen schönen Kachelofen, und Herman machte ich darauf aufmerksam, er solle einen guten Preis machen, denn meine Freundin konnte sich mehr leisten, als es bei den Normalverdienern der Fall war. Sicherlich reduzierte Hermann sein Arbeitspensum, aber sein Arbeitsleben endete erst mit seinem Ableben. Als wir, meine Mutter mit drei Kindern, in großer Not lebten, wir nicht mehr wussten, wie wir uns täglich ernähren sollten, war es Hermann, der uns mit Obst und Gemüse versorgte. Und er vermittelte mir, bleibe zuversichtlich, besinne dich auf deine eigenen Kräfte und Gaben, so wird auch dein Leben wieder eine Gegenwart und Zukunft besitzen. Der einzige Mensch, auf den du dich wirklich verlassen kannst, bist du selbst. Nimm dein Leben in die eigenen Hände! Hermann, diesen, Deinen Rat, haben meine Brüder und ich befolgt!

Kurt Zube (1905 – 1991)

Leben und Wirken von Kurt Zube beschrieb ich unter "Radikaler Geist: Kurt Zube", hrsg. von Wolfgang Eckhardt, als Beitrag zur Reihe "Findmittel und Bibliographien" der Bibliothek der Freien. Ich will hier die Zeit noch nutzen, um einige Anmerkungen zu machen, die mir am Herzen liegen. Kurt Zube war ein Anarchist par excellence. Während Hermann Albert Prüss ein Anarchist war, der sein Leben lebte, weder Menschen bekehren, gewinnen oder missionieren wollte, war Kurt Zube ein Mensch, der sich einmischen und etwas bewirken wollte. Das ist ein großer Unterschied!

Als ich Kurt Zube zum ersten Mal im Kreise der Hamburger Anarchisten erlebte, er über seine Vorhaben und Ziele, seine Zeitschrift "Erlesenes" berichtete, wurde für mich deutlich, dieser Mann besaß intellektuelles Format. Otto Reimers, der mit in der Runde saß, war auch ein Mensch, der sich aktiv einbrachte, lange Jahre der Motor der Bewegung in Hamburg war, aber im Gegensatz zu Kurt Zube kein Intellektueller war, kein originärer Denker. Daraus sollten sich später Konflikte ergeben, die einem gegenseitigen Einvernehmen nicht gerade dienlich waren. Zunächst war ich in all den folgenden Jahren nur ein Abonnent von Zubes Zeitschrift "Erlesenes", und ich muss heute noch sagen, es war eine außerordentliche Zeitschrift. Zube selbst konnte mit seiner Belesenheit, seinen literarischen Kenntnissen Rezensionen der vorgestellten Bücher verfassen, einprägsam, informativ und somit vermitteln, ob man dieses oder jenes Buch nicht doch ganz lesen sollte. Auch von mir erschien eine Rezension in "Erlesenes", und wir blieben in einem brieflichen Kontakt. Im Juni 1974 besuchten wir das Ehepaar Zube in einem Hochhaus, sie besaßen eine Eigentumswohnung, in Freiburg/Br.

Für Kurt Zube war die Begegnung mit dem Schriftsteller und Dichter John Henry Mackay prägend, ja man kann sagen, durch Mackay gelangte Zube zu einem Anarchismus, der für ihn eine Zukunft besitzt. Die Werke von Mackay wieder zugänglich zu machen, auch die

Bücher individualistischer Schriftsteller und Denker, diesen Lebenstraum wollte er sich noch erfüllen. Am 28.06.1974 schrieb mir Kurt Zube:

"Lieber Herr Timm, es würde mich freuen, wenn Sie Zeit hätten, für ZEITGEIST eine Rezension meiner Broschüre zu schreiben, die Sie, wie ich hoffe, inzwischen erhalten haben. Bei Ralph Myles Publisher, Inc. ; P.O.Box, 1533, Colorado Springs. Colorado 80901, USA, ist übrigens das 315 - seitige, sehr aufschlussreiche Werk MEN AGAINST THE STATE von James J. Martin erschienen, das nur 2 Dollar 50 kostet. Es hat den Untertitel: The Expositors of Individualist Anarchism in America, 1827 - 1908. Mit bibliographischen Anhang. Beste Gruesse, Ihr Kurt Zube"

So sehr er interessiert war, Mackays Bücher wieder zu verlegen, so sehr war es auch sein Bestreben, nicht nur Max Stirners "Der Einzige und sein Eigentum" wieder den interessierten Menschen anzubieten, sondern auch relevante Schriften über Stirner und die Bücher individualanarchistischer Autoren der Vergessenheit zu entreißen. Kurt Zube wusste, er konnte die Mackay-Gesellschaft nicht allein begründen, und so sprach er Freunde an, die sich aktiv bei einer Wiederbegründung der Mackay-Gesellschaft einbringen wollten, es auch konnten. Glücklicherweise war meine berufliche Situation damals so, dass ich mir einige Aktivitäten neben der Familie und dem Beruf leisten konnte. Erforderlich waren auch finanzielle Einlagen, woran sich neben mir auch Hans Henck sowie Hermann Fournes beteiligten. Kurt Zube war ein sehr gewissenhafter Mensch, zuweilen fast zu pedantisch, aber auf ihn war Verlass, so hat er auch alle Einlagen in kurzer Zeit zurück bezahlt. Mit von der Partie war noch Günter Ehret, der sich als Autor beteiligte, selbst einen Verlag betrieb, aber nach einigen Jahren spurlos verschwand. Dass ein umfangreiches Verlagsprogramm möglich sein könnte, hatten wir damals 1974/75 nicht erwartet, und man kann sagen, wir wurden von einem Erfolg überrascht. Anfänglich übernahm ich noch die Auslieferung von Büchern an private Besteller, und für den Buchhandel konnten wir Vertriebe in Anspruch nehmen, aber später übernahm Josef Wintjes den Vertrieb. Dass wir uns an den Gegenbuchmessen durchaus erfolgreich beteiligten, unsere jeweiligen Stände gut besucht waren, verdankten wir Freunden, die nicht immer auch gleichzeitig Mitglieder der Mackay-Gesellschaft waren. Harry Springer, ein Henry Miller Freund und Fan, war uns behilflich, und bei Jutta Schlör, uns wohl gesonnen, konnten wir kostenlos übernachten. Am Affentorplatz, Sachsenhausen, hatten wir einmal einen größeren Raum gemietet, nicht groß genug für alle interessierten Menschen, und Kurt war mehr als zufrieden, dass uns eine derartige Veranstaltung gelang.

Selbst war ich immer über Kurts immense Arbeitsleistung erstaunt, zumal er in die Jahre gekommen war und ganz gewiss kein leichtes Leben hinter sich hatte. Als wir uns einmal in Rimbach/Odenwald trafen, eingeladen von meinem Freund Gerhard Weber, auch noch andere Freunde an diesem Treffen teilnahmen, darunter Eberhard Wolf, der als FDP Mitglied dem Gemeinderat Langenhagen angehörte, erlebten wir Kurt einmal sehr gelöst, und es war zu spüren, er fühlte sich in dieser Runde wohl. Das war auch sehr verständlich, ging es in den Gesprächen doch um Sachfragen, nicht darum sich gegenseitig irgendein Etikett an den Kopf zu werfen.

Innerhalb der anarchistischen Bewegung stieß die Mackay-Gesellschaft, ganz besonders Kurt, auf heftige Aversionen und Kurt war auch ständig Verleumdungen ausgesetzt. Eberhard Wolf meinte, wir sollten auf den Begriff Anarchismus verzichten, vielmehr nur unsere Bestrebungen für eine freie Gesellschaft in der Öffentlichkeit vertreten, uns den wichtigen Fragen zuwenden, wie eine Entwicklung zur Entstaatlichung möglich wäre. Das Anlegen von einem Gurt im Auto wird ja befolgt, weil es gesetzlich vorgeschrieben sei, es könnte aber auch befolgt werden, weil Versicherungen beim Nichtanlegen nicht zahlen. Zudem würden wir sehr unqualifiziert von den Sozialanarchisten (bei ihren Attacken waren sie nicht gerade sozial) als Mittelstandsbürger beschimpft. Wobei es doch völlig unsinnig sei, denn jeder Handwerksmeister, jeder kleine Selbständige, jeder Arzt oder Ingenieur etc. sei ein Mittelstandsbürger und dabei wäre es für ihn völlig unklar, welche Bevölkerungsschichten diese Anarchisten überhaupt ansprechen wollen. Kurt Zube meinte, wir bzw. er hätten hier in der Tat ein gravierendes Problem, aber er wolle am Begriff

Anarchismus festhalten, auch wenn Einschränkungen insbesondere bei der Öffentlichkeitsarbeit wohl doch notwendig seien. Spürbar war, was er sonst nie sagte, er litt auch unter diesen ständigen Verleumdungen und Angriffen gegen seine Person. Er räumte ein, beim Buch "Freiheitsucher" sei es strategisch falsch gewesen, hier auf dem Titelblatt einzufügen "Das klassische Werk des wirklichen Anarchismus".

Kurt Zube wurde unterstellt er würde nur seinen Anarchismus gelten lassen, doch das gerade war gar nicht der Fall, hatte er doch immer wieder betont, besonders in seinem Buch "Das Manifest der Freiheit und des Friedens", es sei ein anarchistisches Grundanliegen, dass sich Menschen für Gemeinschaften in ihrem Sinne entscheiden, und wenn sie kommunistisch leben wollten, sie ihren Kommunismus für sich selbst praktizieren, also auf ein Zwangsmonopol verzichten, sei das völlig in Ordnung. In den Mitteilungen der Mackay-Gesellschaft Nr. 15, Februar 1981, schrieb Kurt: "Wir denken nicht daran, die Begriffe des Anarchismus oder der Anarchie überhaupt aufzugeben, da sie, wenn richtig verstanden, am präzisesten das bezeichnen, was wir anstreben. Aber eben, um dies in die Breite zu tragen, um wirksam werben zu können, ist es unumgänglich, dass wir eine Art der Darstellung wählen, in der diese Begriffe zunächst nicht vorkommen..." In der anarchistischen Bewegung oder was sich als solche verstand, wozu auch die Zeitschrift "Schwarzer Faden" gehörte, da gehörte es zum guten Ton, man kann sagen zur Gewohnheit, die Bestrebungen der Mackay-Gesellschaft, das Gedankengut von Mackay oder Tucker, die Schriften von Kurt Zube u.a. zu ignorieren, ja jede inhaltliche Auseinandersetzung zu vermeiden. Das ist auch deshalb sehr befremdlich, weil sich etwa Mackay in seinem Buch "Der Freiheitsucher" dem Problem stellte, wie könnte sich eine Entwicklung von einer staatlichen Gesellschaft hin zu einer funktionierenden Anarchie evolutionär vollziehen. Doch aus einer protestierenden anarchistischen Bewegung wurde auch bis heute nie eine gestaltende Bewegung und damit stellt sich der Anarchismus außerhalb der Geschichte.

Kurt Zube war ein Intellektueller mit großen Fähigkeiten, und er lebte konsequent für seine anarchistische Überzeugung, auch wenn er damit auf einen für ihn sicherlich einträglicheren Lebensweg verzichtete. Von Maria Zube, die in allen Lebenslagen zu ihrem schwierigen Mann stand, habe ich einmal gehört, wie bitter und hart ihr Alltag in den Jahren des Dritten Reiches war, in denen sich Kurt Zube mühselig durchschlagen musste. Selbst in dieser Zeit war der Böswilligkeit bei den sogenannten Anarchisten keine Grenzen gesetzt. So verbreitete ein gewisser Stephan Krall wider besseren Wissens die Verleumdung, Kurt Zube sei nie ein Verfolgter des Naziregimes gewesen. Selbst dieser Lüge stellte sich Kurt Zube in sachlicher Form, formulierte den wirklichen Sachverhalt, aber der Verleumder suchte das Weite, verschwand von der Bildfläche. Mir selbst war in den fünfziger Jahren bewusst geworden, es sind viele Fragen anzusprechen, zu klären, um sich einer herrschaftslosen Gesellschaft zu nähern. Das war auch der Grund, weshalb ich in der Mackay-Gesellschaft eine Alternative sah, libertäre Ideen in dieser Richtung zu unterstützen. Für Kurt Zube war es ein Glücksfall, dass er das Buch "Männer gegen den Staat" von James J. Martin zusammen mit Jürgen Waibel aus dem Englischen ins Deutsche übersetzen konnte, und er setzte auf eine Veröffentlichung von diesem Werk große Hoffnungen. In der Tat ist dieses Buch das beste Buch, das wir publizierten, aber es wurde für Kurt, für uns, zur großen Enttäuschung: Die Nachfrage war und blieb äußerst gering. Finanziell war dieser Reinfall mit anderen Publikationen auszugleichen, aber das Desinteresse gerade an diesem Werk ist ein Indiz dafür: Freiheit ist in Deutschland nicht erwünscht.

Kurt Zube aber war ein Freund der Freiheit, dem ich mich verbunden fühlte, in meinem Wirken in meiner Erinnerung bewahrte.

Der Autor

Uwe Timm (Jahrgang 1932) engagierte sich seit seiner Jugend für eine freie Gesellschaft. Er war Mitbegründer der Mackay-Gesellschaft, Autor libertärer Publikationen und Mitherausgeber der libertären Zeitschrift „espero" (www.alibro.de). Uwe Timm hatte sich frühzeitig und vielseitig engagiert – im Freigeistigen Kreis (Ahrensburg), in der Genossenschaftsjugend (Hamburg), als Betriebsrat und Sprecher eines Personalausschusses sowie bei Diskussionen über Notstandsgesetze, Wehrpflicht und atomare Aufrüstung u.a. als Mitglied der Internationale der Kriegsdienstgegner (IDK).

Seine Einstellung hat er in der Zeitschrift „eigentümlich frei" wie folgt beschrieben: „Als Anarchist beanspruche ich für mich das Recht der freien Entscheidung über meine Person, ohne in die Rechte anderer einzugreifen. Anarchie und Ordnung widersprechen einander nicht. Anarchie ist ebenso ein Ordnungsbegriff wie Demokratie oder Monarchie". Und die Debatten in der monatlich erscheinenden Zeitschrift „espero" vermitteln einen Eindruck vom Anliegen, das Uwe Timm am Herzen lag: eine freie Lebensgestaltung, Alternativen zur bestehenden Gesellschafts- und Wirtschaftsweise in Form einer staatsfreien Zivilgesellschaft, in der Hoffnung, auf schlüssige Art human zu sein, damit sich besonders für nachfolgende Generationen etwas ändert.

Ausgewählte Publikationen:

- Gegen das Geschäft mit dem Klimawandel – Plädoyer für eine freie und soziale Gesellschaft, Espero – Sonderheft Nr. 13. Edition Anares & Espero, Hilterfingen 2012 (Neuauflage bei Forum Ordnungspolitik).
- Verlorene Kindheit – Errungene Freiheit. Biografie eines unbequemen Libertären, Oppo-Verlag, Berlin 2007.
- Gesammelte Schriften. Veröffentlichungen von 1955 – 2002, Neu Wulmstorf 2002.
- Anarchie, eine konsequente Entscheidung für Freiheit und Wohlstand, Lernziel Anarchie Nr. 3. Verlag der Mackay Gesellschaft, Freiburg/Br. 1976.

Der Herausgeber

Dr. Michael von Prollius ist Publizist und Gründer von Forum Ordnungspolitik, einer Plattform, die sich für eine freie Gesellschaft einsetzt. Mehr im Internet: http://michael.von.prollius.de/

Forum Ordnungspolitik

Forum Ordnungspolitik (www.forum-ordnungspolitik.de) ist eine Internetplattform, die für eine freiheitliche Ordnung von Wirtschaft und Gesellschaft wirbt. Die Autoren setzen sich mit Analysen und Kommentaren für eine freie Gesellschaft und freie Märkte ein; Grundlage bilden die Ideen der europäischen Humanisten, Nationalökonomen und Sozialphilosophen.

Viele herausragende Denker und Praktiker haben einen Beitrag zu einer Ordnung der Freiheit geleistet. Hervorgehoben seien:

- Friedrich August von Hayek
- Ludwig von Mises
- Henry Hazlitt
- Murray N. Rothbard
- Wilhelm Röpke
- Ludwig Erhard
- Walter Eucken
- Anthony de Jasay.

In ihrem Sinne umfasst Ordnungspolitik sowohl die Bemühungen vieler Individuen und Initiativen auf lokaler und regionaler Ebene, die häufig praktisch nach einer freien Gesellschaft streben („Graswurzelbewegungen"), als auch die wenigen Personen und Organisationen, die sich für eine Ordnung der Freiheit stark machen – durch ihr prinzipientreues Eintreten für Freiheit, Recht und Marktwirtschaft sowie ihre Bemühungen um eine Reform von Staat und Gesellschaft insgesamt („Ordnungsansätze").

Die Ordnung von Wirtschaft und Gesellschaft bestimmt unser Leben auf Schritt und Tritt. Vielen Menschen ist jedoch gar nicht bewusst in welcher Ordnung sie leben und welchen Einfluss diese Ordnung auf ihr Leben und das Leben ihrer Familie, Freunde, Nachbarn und Mitmenschen hat. Das System des Wohlfahrtsstaates bringt beispielsweise automatisch überbordende Bürokratie mit sich und führt über eine zunehmende Zahl vermeintlich kostenloser oder stark subventionierter Angebote zur Überschuldung. Dazu gehören z.B. staatliche Studien- und Kindergartenplätze, die ausufernde Entwicklung, dass niemand mehr seine eigenen Rechnungen, statt dessen aber die seiner Nachbarn bezahlt, z.B. anteilig das neue Auto des Nachbarn über die „Abwrackprämie" oder Solarpanels über Steuern und steigende Strompreise. Langfristig führt der Wohlfahrtsstaat in eine Sackgasse, weil er zu Überschuldung, Moralverfall, Zentralisierung und Streben nach Größe (Maximalismus) sowie autoritärem Paternalismus führt. Die Gründerväter der sozialen Marktwirtschaft haben sich vehement gegen wohlfahrtsstaatliche Tendenzen zur Wehr gesetzt. Dieses Bewusstsein wach zu halten und dem ordnungspolitischen Verfall entgegen zutreten ist ein wesentliches Ziel von Forum Ordnungspolitik.

Wenn Sie ein Zeichen für die Freiheit setzen wollen, dann können Sie das hier tun:

info@forum-ordnungspolitik.de

Forum Ordnungspolitik

Im Schlossgarten 1a

37699 Fürstenberg